O que as pessoas estão falando sobre
*Por que os homens se dão melhor
que as mulheres no mercado de trabalho*

"Uma análise incrivelmente astuta e estimulante sobre a igualdade que todo mundo que trabalha deveria ler – homens e mulheres."
Viv Groskop, autora de *How to Own the Room*

"Este livro mudou minha opinião sobre igualdade de gênero de uma forma que outros não mudaram. Agora, tenho um nível de consciência e compreensão que simplesmente não tinha antes."
Jo Scaife, CEO da Clearblue®

"Imagine um mundo em que ser a única mulher no escritório seja algo totalmente ultrapassado, uma história de contos de fadas para contar a nossos netos incrédulos. Essa é a visão de Gill Whitty-Collins, antiga vice-presidente da Procter & Gamble e autora de *Por que os homens se dão melhor que as mulheres no mercado de trabalho*. Todos temos nosso papel em deixar a desigualdade de gênero no passado, afirma ela, sobretudo pelas mulheres negras (das irrisórias 37 mulheres CEOs na lista de 2020 da Fortune, que contém as 500 maiores corporações dos Estados Unidos, nenhuma é racializada). Se não fizermos nada, 'o mundo continuará pertencendo aos homens', assegura ela. Logo, seguindo a tradição de todos os executivos mais eficientes, Whitty-Collins define um conjunto eficaz de recomendações, entre elas, que os homens tirem licença-paternidade."
Fleur Britten, Sunday Times

"Este livro conta a verdade inconveniente sobre a questão da desigualdade de gênero, proporcionando insights reais e profundos sobre os verdadeiros obstáculos ao incentivo à diversidade – mesmo nas empresas que estão tentando fazer a coisa certa. Talvez seja uma leitura desconfortável para alguns, mas é crucial para estimular a mudança necessária e criar benefícios de longo prazo."

Paul Polman, Cofundador & Presidente da IMAGINE e ex-CEO da Unilever®

"Tive a chance de ler a última prova do livro *Por que os homens se dão melhor que as mulheres no mercado de trabalho*, de Gill Whitty-Collins, antes que ela fosse impressa. Tudo o que posso desejar é que ele seja tão bem-sucedido em reacender a conversa sobre igualdade de gênero quanto a obra *Faça acontecer*, de Sheryl Sandberg, foi há sete anos. O livro de Gill é bem-documentado, acho-o extremamente esclarecedor. Acredito que ele revela novos conceitos que podem virar o jogo de verdade. Acho que é uma leitura obrigatória para todos. Agora, aos que pensam que igualdade de gênero não é um problema, estejam cientes de que no Reino Unido, em 2018, das 100 principais empresas da FTSE, apenas sete tinham gerência feminina, enquanto 17 eram gerenciadas por homens chamados John e 14 por homens de nome Dave. E, em 2020, a quantidade de mulheres CEOs nessas 100 empresas FTSE caiu para cinco. Portanto, para uma mudança profunda no equilíbrio entre os gêneros em cargos elevados e oportunidades iguais para homens e mulheres, já passou da hora de todos compreendermos por que os homens se dão melhor no trabalho."

Sylvie Moreau, Presidente da Sephora

POR QUE OS HOMENS SE DÃO MELHOR QUE AS MULHERES NO MERCADO DE TRABALHO

Copyright © 2022 Gill Whitty-Collins

Título original:
Why Men Win at Work... and how we can make inequality history

Todos os direitos reservados pela Autêntica Editora Ltda. Nenhuma parte desta publicação poderá ser reproduzida, seja por meios mecânicos, eletrônicos, seja cópia xerográfica, sem autorização prévia da Editora.

EDIÇÃO E PREPARAÇÃO DE TEXTO
Luanna Luchesi

REVISÃO
Aline Sobreira

CAPA
Christiane Silva Costa

PROJETO GRÁFICO E DIAGRAMAÇÃO
Christiane Morais de Oliveira

Dados Internacionais de Catalogação na Publicação (CIP)
(Câmara Brasileira do Livro, SP, Brasil)

Whitty-Collins, Gill
 Por que os homens se dão melhor que as mulheres no mercado de trabalho / Gill Whitty-Collins ; [tradução Maíra Meyer]. -- São Paulo : Autêntica Editora, 2022.

 Título original: Why men win at work ... and how we can make inequality history

 ISBN 978-65-5928-156-5

 1. Gestão 2. Cultura organizacional 3. Gestão de pessoas 4. Carreira 5. Mulheres nas organizações I. Título.

22-100809   CDD-331.4

Índices para catálogo sistemático:
1. Mercado de trabalho : Mulheres : Economia 331.4

Maria Alice Ferreira - Bibliotecária - CRB-8/7964

A **AUTÊNTICA BUSINESS** É UMA EDITORA DO **GRUPO AUTÊNTICA**

São Paulo
Av. Paulista, 2.073 . Conjunto Nacional
Horsa I . Sala 309 . Cerqueira César
01311-940 . São Paulo . SP
Tel.: (55 11) 3034 4468

Belo Horizonte
Rua Carlos Turner, 420,
Silveira . 31140-520
Belo Horizonte . MG
Tel.: (55 31) 3465 4500

www.grupoautentica.com.br
SAC: atendimentoleitor@grupoautentica.com.br

Gill Whitty-Collins

POR QUE OS HOMENS SE DÃO MELHOR QUE AS MULHERES NO MERCADO DE TRABALHO

TRADUÇÃO
Maíra Meyer Bregalda

autêntica
BUSINESS

A meu pai, irmão de três
irmãs, pai de três filhas
e o primeiro homem
feminista que conheci.

Sumário

Nota da Editora 11

Prefácio à edição brasileira 15

Prefácio 21

Como este livro funciona 29

1 Sim, isso é um problema 33

2 Você tem fobia de feministas? 45

3 Poucos homens ruins 57

4 Será que os homens são simplesmente melhores? 69

5 O poder invisível da cultura (e outras influências) 79

6 A parte científica 93

7 A equação confiança *versus* competência 103

8 Fazendo boas reuniões 119

9 A teoria do guarda-chuva 125

10 Mulheres que vencem no mercado de trabalho 143

11 Irmãs (não) estão cuidando umas das outras 167

12 A parte cruel 173

13 Afinal, por que os homens se dão melhor que as mulheres
   no mercado de trabalho? 183

14 E agora, o que diabos faremos a respeito? 193

Listas de coisas a fazer 199

Tópicos para serem abordados em uma discussão sobre
diversidade de gênero 229

Uma última palavra 233

Nota à edição brasileira 237

Notas 239

Agradecimentos 253

Nota da Editora

Um dos assuntos mais relevantes no mundo dos negócios da atualidade é a diversidade. Os ganhos obtidos por empresas e organizações que investem em equipes diversas e inclusivas são explícitos, e o aumento no desempenho é apenas um desses benefícios. Por meio de ações de minorias sociais e de gerações mais novas, *millennials* e geração Z, cada vez mais atentos às questões identitárias, essa tem sido uma tendência em ascensão.

Porém, mesmo com a popularidade crescente do tema, o cenário interno da maioria das empresas tradicionais, na prática, ainda é completamente distante do ideal. E por que isso acontece?

A autora Gill Whitty-Collins nos mostra que um dos principais motivos para essa estagnação é o fato de precisarmos de jogadores de todos os lados envolvidos nessa causa. Não basta que o feminismo seja uma questão exclusiva das mulheres, ou que as discussões sobre racismo sejam incitadas apenas pelas pessoas negras. Enquanto as pautas de diversidade não se tornarem pauta de todos, nós não conseguiremos avanços em níveis globais, tampouco seremos capazes de desmantelar preconceitos e estereótipos há muito enraigados em uma cultura predominantemente masculina.

Ao convocar todos para a causa feminista – tanto homens quanto mulheres, tanto líderes e gestores quanto funcionários –, Whitty-Collins busca remover o estigma da luta e a torna um objetivo comum. A proposta é abandonar a percepção de um gênero *versus* outro, e abraçar a perspectiva de todos os gêneros unidos contra a desigualdade, o favorecimento unilateral e a centralidade das oportunidades. Juntos, somos capazes de fazer com que esse seja um enfrentamento global e coletivo em prol da inclusão, deixando para trás o viés discriminatório com o qual estamos acostumados.

A Autêntica Business, integrante do Grupo Editorial Autêntica, acredita na diversidade não só como um aspecto que atrai novos talentos, um item a ser cumprido na agenda, mas sim como um elemento-chave que deve figurar na base de uma cultura empresarial de sucesso.

Que a leitura deste livro possa servir como uma lente de expansão de nossas perspectivas, tão comumente centradas em uma lógica cultural predominantemente masculina, para que possamos enxergar novas possibilidades. Que as medidas práticas sugeridas neste livro sirvam como inspiração para que sejamos capazes de trabalhar a favor da transformação de ambientes corporativos em espaços acolhedores, inclusivos e diversos.

Luanna Luchesi
Editora

> Que a leitura deste livro possa servir como uma lente de expansão de nossas perspectivas, tão comumente centradas em uma lógica cultural predominantemente masculina, para que possamos enxergar novas possibilidades.

Prefácio à edição brasileira

Todo mundo quer falar de inclusão, mas ninguém quer levantar da cadeira do privilégio

Nina Silva*

Por conta das desigualdades de gênero e de raça presentes em nosso país, que alicerçam a base social, política e econômica de nossas relações interpessoais e institucionais, percebemos um vazio em várias áreas no mercado de trabalho e empreendedor. Isso ocorre não apenas na falta de valorização da vida de pessoas negras ou da potência realizadora de mulheres, mas também politicamente e, acima de tudo, economicamente.

Mulheres são 51% da população, foram as que mais abriram negócios durante a pandemia e determinam 80% da decisão de compra de nossos lares, mas não controlam bancos, grandes mercados, *startups* em crescimento ou partidos políticos.

Mulheres negras possuem 40% da renda de um homem branco no Brasil, seguidas pelos homens negros com 55% e pelas mulheres brancas com 75%. O racismo estrutural e o patriarcado constituem a base de privilégios de pessoas brancas sobre pessoas negras e indígenas, como também os atravessamentos de gênero, com as mulheres largando em extrema desvantagem no mercado de trabalho em relação aos homens brancos.

---

* Nina Silva é hoje um dos principais nomes da tecnologia no Brasil e também encabeça o Movimento Black Money, que propõe a circulação de capital intelectual, social e financeiro entre pessoas negras. Eleita Forbes Woman em 2019, uma das 100 Afrodescendentes mais Influentes do Mundo em 2018 e a Mulher Mais Disruptiva do Mundo em 2021 pela Women in Tech.

Sou da primeira geração da família a cursar uma universidade e morar fora do país, levada por desafios profissionais que eu não fazia ideia de que poderia alcançar. Desde pequena, morando em uma das maiores comunidades da América Latina, no município de São Gonçalo, já estudando em escolas particulares com bolsas de estudo, identificava que os meus iguais não habitavam esses espaços de melhores oportunidades. Desde meu primeiro estágio na época de faculdade vi na tecnologia a chance de ascender profissionalmente. Como iniciei a carreira em tecnologia, desde a faculdade, buscando sempre certificações internacionais, tive uma projeção enorme dentro de multinacionais, mas recebia salários muito mais baixos que meus colegas na mesma posição, além de acumular atividades de cargos acima daquele que "ocupava".

Trabalhei fora do país em projetos com pessoas de diferentes culturas e cheguei a liderar projetos com cerca de 60 *stakeholders*. Mas esse setor e essas empresas não refletiam minha imagem, meus valores e meu lugar de pertencimento. Havia uma falta de pares nas instituições, eu sentia solidão enquanto uma líder mulher e enquanto um corpo negro. Por mais que eu tivesse um desempenho melhor, homens brancos recebiam salários mais altos. Havia mulheres brancas, ainda que poucas. Homens negros quase não eram vistos. Mulheres negras, nem pensar.

Qualquer implementação de método que eu praticava dentro dos times não era uma tentativa de me impor, mas de fazer times cada vez mais engajados e que trabalhassem de forma cada vez mais integrada. Mas sempre que eu sugeria um novo processo que aprendia em cursos e treinamentos, eles eram sempre questionados. E quando outras pessoas sugeriam coisas bem próximas, elas eram sempre aprovadas pelo grupo automaticamente. Então comecei a perceber que se tratava muito menos das minhas entregas e muito mais do que minha presença representava.

Sentia a necessidade constante de pontuar que aquele lugar era meu por direito, que eu era e sou uma profissional de tecnologia. Já passei por clientes que duvidaram de que eu fosse a gestora do projeto, perguntando se eu não era a recepcionista. Que questionaram por que eu trabalhava com um sistema de tecnologia alemão, quando deveria estar procurando um marido por lá. Meu currículo chegava na frente e a figura chegava depois. Quando as pessoas me viam, demonstravam seu real preconceito. São mais de 20 anos na área em que as oportunidades não surgiram, mas sim foram hackeadas até o pico de estresse. Em 2013 tive um *burnout*, foram doze anos de carreira forçada a estar em determinados espaços sem me sentir reconhecida, muito menos acolhida.

Essas dificuldades muitas vezes colocavam à prova a minha capacidade. E durante esse processo fui entendendo que uma carreira pautada na legitimidade dada pelo outro está fadada sempre à frustração. Quando comecei a perceber que o problema não estava em mim, mas nos lugares em que eu precisava estar para gerenciar aqueles times, para implementar as ferramentas, comecei a entender que esses espaços não estavam dialogando com a inovação e com o fato de que a tecnologia precisa colocar as pessoas no centro. Porque as pessoas são diversas, no entanto pouquíssimos ambientes na atualidade falam sobre a questão.

Com minha experiência como executiva, percebo que as empresas estão cada vez mais aprendendo a lição de que a diversidade caminha ao lado do desempenho. Times diversos conseguem pensar em soluções diversas e dialogar com um público amplo. Esse consumidor, muitas vezes, ficou fora do contexto de protagonismo de mercado anteriormente, então é um público que está ávido por ser ouvido, por ser atendido realmente da maneira que deve. Esse cliente quer se ver não só na publicidade, mas também nas cadeiras de conselho e diretoria.

É importante termos não só um quadro colaborativo diverso, mas também a intencionalidade na contratação de fornecedores. Os passos seguintes são de influenciar e causar impacto na sua própria cadeia produtiva. É possível, por exemplo, dialogar com grandes fornecedores e apontar que, para entrar em uma concorrência, é preciso ter um determinado percentual de mulheres no conselho administrativo, é preciso ter um percentual mínimo de pessoas negras no seu comitê executivo ou na sua média gestão.

As empresas têm uma visão de mundo eurocêntrica, com um padrão masculino e branco. A diversidade deve ser encarada dentro das organizações, mas é necessário o apoio de pessoas de alta hierarquia; mas estas, na sua maioria, não querem perder sua posição. Quem pensa em manter o *status quo* está com uma mentalidade analógica, e não digital. Estamos em um mundo em que as pessoas dialogam, e o aspecto humano precisa ser representado de todas as formas e em todos os níveis da companhia.

Para além do fomento e de programas sustentáveis e inclusivos que valorizam as empresas, precisamos denunciar e boicotar aquelas que não fazem a inclusão real. Se eu não sirvo para estar naquele ambiente de trabalho e dialogar com a diretoria, o meu dinheiro também não deveria servir. Se não há mulheres no conselho de administração, por que eu, enquanto mulher que toma as decisões de compra dentro de casa, vou optar por comprar nessa empresa?

Os consumidores sabem o que se passa nas empresas hoje. Aquelas que viram suas costas para o desenvolvimento de todos no ambiente corporativo estão fadadas à obsolescência no futuro do trabalho.

A mudança começa com mentes pensando a partir de diferentes óticas de mundo, de diferentes origens, culturas, identificação de gênero...

De acordo com especialistas, a relação entre diversidade e o desempenho das empresas está diretamente ligada à troca de ideias entre pessoas que têm visões de mundo diferentes, baseadas em suas experiências pessoais. Isso leva à diferenciação no mercado e, ao mesmo tempo, é o certo a ser feito. Diferentes perfis de funcionários, com vivências múltiplas e olhares distintos, trazem mais soluções inovadoras e podem alcançar um público maior, ampliando o *market share* e aumentando a lucratividade da empresa. Essa relação foi comprovada pelo estudo *Delivering Through Diversity* da consultoria McKinsey & Company, que mostra que empresas com maior diversidade de gênero têm 25% mais chances de apresentar resultados acima da média do mercado.

Inserir neste universo, além de mulheres e pessoas negras, pessoas com deficiência e demais povos minorizados, recria soluções simplificadas que impactam um grande número de pessoas, colocando-as no centro da solução.

Estamos mirando, sim, nos lugares onde falamos de capital, de dinheiro e de poder – para que a gente possa falar de humanidade, liberdade e autonomia, que são agentes de movimentação de estruturas sociais. *Por que os homens se dão melhor que as mulheres no mercado de trabalho* é leitura urgente, sensível e dinâmica para aqueles e aquelas que lutam por ações efetivas por um jogo mais justo, que sabem que devemos confrontar o dono da bola – o poder –, para que mais mulheres e pessoas diversas sejam, um dia, as "donas da bola" no jogo coletivo que reivindicamos e estamos (re)construindo – e do qual sairemos vencedoras.

Prefácio

Sete anos atrás, eu não teria sido capaz de escrever este livro. Na época, nem sequer teria pensado em escrevê-lo. Na verdade, se alguém tivesse me contado que estavam escrevendo um livro chamado *Por que os homens se dão melhor que as mulheres no mercado de trabalho*, o título não me despertaria nenhum interesse. Se tivesse pensado a respeito, teria discordado da premissa e provavelmente entraria em uma discussão por causa dele.

Como pai de três meninas, o coitado do meu pai talvez não tenha tido escolha a não ser acreditar e apoiar garotas e mulheres, porque ele estava cercado por nós. Com muito orgulho, ele abraçou o feminismo e, desde quando consigo me lembrar, nunca insinuou que deveríamos fazer outra coisa além de usar o nosso cérebro e dar duro na escola, entrar em uma boa universidade e arrumar um emprego que exercitasse nossa mente. Infelizmente, na escola, tive amigas cujos pais não viam as garotas da mesma maneira e dedicavam todas as suas ambições acadêmicas e profissionais aos seus filhos homens. Mas meu pai não era um desses.

Também ajudou o fato de eu ter frequentado escolas mistas em que, graças a uma combinação de trabalho duro, inteligência suficiente e fama de organizada, geralmente eu era a primeira da turma, ou quase isso. De fato, nunca me ocorreu questionar se eu era tão boa quanto um homem. E o tempo que passei na Universidade de Cambridge também não me deu motivos para fazer questionamentos sobre desigualdade de gênero – no geral, eu era uma estudante bem mediana, mas privilegiada, por me deparar com mentes verdadeiramente brilhantes, que assumiam formas femininas e masculinas. O passo seguinte foi uma carreira em uma grande empresa internacional, e, durante os primeiros 18 anos, eu teria dito a você que, apesar de estar ciente das questões de diversidade de gênero, pessoalmente nunca estive no lado que é prejudicado. Nunca me senti, de maneira alguma, reprimida como mulher e, para ser franca, não entendia por que as pessoas faziam um escarcéu com isso. Fico bem envergonhada em admitir que eu era uma dessas mulheres arrogantes, que faziam pouco caso de mulheres que falavam sobre desigualdade de gênero, acreditando que o problema era que talvez elas não fossem fortes o bastante e que precisavam "agir que nem homem" – ou melhor, "que nem mulher".

Então, caiu a ficha. E, uma vez que caiu, eu a percebi em todos os lugares.

Não aquela coisa antiga de "tapinha no bumbum na sala de xerox". (Embora eu saiba que isso ainda acontece, junto à evolução da era digital que possibilitou as sinistras perseguições por mensagens instantâneas.) Não, a ficha que caiu foi a das coisas invisíveis. Do tipo de discriminação inconsciente de gênero que é tão enraizado em nossas psiques que mesmo homens bons e bem-intencionados participam dele e contribuem com sua manutenção, homens que se colocariam entre aqueles que acreditam incondicionalmente em igualdade. Do tipo que é tão inconsciente e invisível que, às vezes, até mesmo as próprias mulheres não veem acontecer e, pior ainda, contribuem com sua continuação. Do tipo que acabou me derrotando, enquanto tantas outras barreiras pelo caminho não o fizeram – e que derrotou, está derrotando e derrotará muitas mulheres em suas carreiras, se continuarmos permitindo que isso aconteça. Do tipo que é o motivo verdadeiro e subjacente pelo qual as mulheres lutam tanto para serem bem-sucedidas e acabam tão sub-representadas no alto escalão das empresas e na sociedade.

E, agora que percebi, compreendi e senti na pele, estou furiosa, e preciso falar e fazer algo a respeito. Por que é tão difícil para as mulheres vencerem no mercado de trabalho? Por que aceitamos viver em um mundo masculino em que mais de 90% de todos os cargos de liderança na sociedade e nas empresas são ocupados por homens, e nenhum progresso está sendo feito? Vimos que nem uma pandemia global conseguiu nos transformar em termos de igualdade de gênero – um ano atrás, quando comecei a escrever este livro, ficou claro que estávamos estagnadas, e, desde então, graças à covid-19, começamos inclusive a retroceder. Mulheres assumiram ainda mais os encargos domésticos e o cuidado com os filhos em detrimento da carreira e deram de cara com um "Agora não, querida" como resposta a qualquer tentativa de discussão sobre igualdade ou diversidade, porque isso não é visto como prioridade em uma crise. Sim, estou furiosa e decidi falar a respeito, embora saiba como esse tema pode ser indesejável e repelido tanto por homens como por mulheres. Estou falando a respeito porque, se não continuarmos nos posicionando e lutando para combater o problema, o sistema inconsciente continuará funcionando de maneira inconsciente, e, daqui a 100 anos, ainda estaremos aqui, no mesmo lugar. Mulheres brilhantes ainda serão niveladas por baixo e não atingirão as posições que deveriam ser delas nas empresas e na sociedade. Simplesmente não podemos deixar isso acontecer.

Agora, algumas observações antes de ficarmos estagnadas.

Embora eu tenha passado 25 anos de minha carreira na Procter & Gamble, minha luta é contra a desigualdade de gênero, não contra eles. Acredito que a empresa seja uma das melhores em termos de intenção e de esforços para estimular a diversidade de gênero. As questões de desigualdade de gênero sobre as quais falo são aquelas percebidas e vivenciadas em companhias e organizações em todos os lugares.

Para falar sobre essa questão, às vezes precisarei fazer generalizações sobre "homens *vs* mulheres". Tenho plena ciência de que todos fazemos parte de um espectro de comportamentos de gênero e, inclusive, de um espectro de gênero. Há homens por aí que se identificarão mais com as características "femininas" que abordo e mulheres que se identificarão mais com as características "masculinas", e pessoas que se identificarão com outras combinações de características "masculinas" e "femininas". Porém, preciso fazer algumas generalizações sobre como os homens são e sobre como as mulheres são; do contrário, não seria possível falar sobre os motivos pelos quais mulheres enfrentam desigualdade nas empresas e na sociedade. E é muito importante que falemos a respeito disso.

Também tenho plena consciência de que a questão da diversidade de gênero é somente uma subdivisão dos problemas muito mais amplos de igualdade e diversidade que enfrentamos em nossa sociedade. Focarei a desigualdade de gênero da perspectiva de uma mulher branca e cis, porque essa é a minha vivência e a minha compreensão, deixando que outras pessoas que possuem o conhecimento e a experiência adequados representem as próprias vivências. Entretanto, acredito que as intervenções que estou levantando, que abordarão as questões sobre diversidade de gênero, também percorrerão um longo caminho para estimular a diversidade e a inclusão em termos gerais.

Devo adverti-lo de que falarei sobre algumas coisas polêmicas. Falarei sobre algumas coisas com as quais você talvez não concorde ou que não aceite como reais, ou talvez as julgue sobrevalorizadas diante da realidade. E talvez você fique bravo com o que direi. Sei disso porque é o que acontece sempre que abordo o assunto, seja em uma mesa-redonda sobre diversidade de gênero, seja durante um bom jantar regado a vinho com os amigos. Tenho mais a compartilhar do que apenas pontos de vista óbvios com os quais concordam com um aceno de cabeça, senão eu não estaria perdendo meu tempo escrevendo este livro ou lhe pedindo para desperdiçar seu tempo lendo-o.

Este livro não é o trabalho de uma pesquisadora acadêmica ou especialista em RH; ele foi escrito essencialmente com base na experiência pessoal de uma líder do sexo feminino. Enquanto cito fontes independentes para muitas coisas que compartilho, outras são fundamentadas em minhas observações e hipóteses pessoais. Tudo se baseia, se não em algo que li ou estudei, em alguma coisa que realmente vi, ouvi ou senti. Acredito que minha experiência, bem como as experiências alheias, sejam reais e não peço desculpas por isso. Afinal, não tenho nenhuma qualificação formal para estar escrevendo isto, além do fato de ser uma mulher que teve um cargo de líder sênior – e creio que essa seja uma qualificação tão importante quanto qualquer outra.

Este não é mais um livro escrito apenas para pessoas que leem obras feministas e são especialistas em diversidade de gênero. Ele também é para os céticos, para pessoas que não querem ou não precisam ler um livro sobre igualdade de gênero. Se a carapuça serviu, espero convencê-lo de que você precisa, sim. Ele também é o contrário de um desses livros sobre ódio aos homens – escrevi-o tanto para homens como para mulheres. Acredito que a maioria dos homens sejam pessoas boas e decentes que nunca reprimiriam intencionalmente uma mulher, e que o problema da maioria dos homens é tão somente falta de consciência sobre questões de igualdade de gênero e como abordá-las. Se vamos impulsionar a igualdade, precisamos acabar com disputas de gênero do tipo "mulheres *vs* homens".

Acredito que a desigualdade de gênero no trabalho seja o maior problema do mundo hoje? Não – não é sequer o maior problema das mulheres, e seguirá não sendo enquanto algumas de nós formos física ou sexualmente abusadas em todas as partes do planeta. Enquanto uma em cada três mulheres for estuprada ou surrada durante a vida[1] e mulheres no mundo todo estiverem sujeitas a casamento forçado, apedrejamento, tráfico, mutilação genital, ataques com ácido, assassinatos por questão de "honra", escravidão e servidão, comparativamente o aspecto que abordo será considerado um "problema de feministas do primeiro mundo". Essas questões são muito mais importantes que as "problemáticas de gênero de luxo" que focarei e precisam ser combatidas por todo ser humano decente onde quer que elas existam.

Este livro não é sobre o sexismo terrível ou óbvio que todos conseguem ver, questão que já foi bem abarcada em outras obras. Não é sobre as coisas horríveis que uma pequena minoria de homens predadores ou misóginos[2] fazem de maneira consciente para controlar e manipular mulheres. É sobre as coisas invisíveis e inconscientes feitas pelos homens que podem não vir de más intenções, mas que têm consequências negativas relevantes. Este livro enfoca o que acontece quando mulheres têm sorte o suficiente para conseguirem escapar ou sobreviver ao abuso físico ou sexual, abrem caminho em meio a todo o lixo – o assédio sexual na rua, na escola, na faculdade – e se esforçam para interromper essa lógica. É sobre o que acontece quando essas mulheres se dão bem no trabalho, em um bom emprego, algo que elas podem fazer muito bem. Elas trabalham ao lado de homens – homens que, em sua maioria, são decentes, comportam-se bem, dizem as coisas certas e nem em sonho fariam um comentário explicitamente sexista, muito menos algo fisicamente inapropriado. É sobre todas as coisas invisíveis e inconscientes que vivenciam que, mais cedo ou mais tarde, serão as responsáveis pela derrota da maioria dessas mulheres fortes, inteligentes e talentosas.

Finalmente, para constar, sou feminista, mas isso não quer dizer que eu queira mulheres governando o mundo. Não acredito que as mulheres sejam melhores ou mais inteligentes que os homens. Simplesmente acredito que somos iguais e que deveríamos, juntos, governar e fazer mover o mundo (e suas empresas e organizações). Mas estamos bem longe disso, e tenho algumas ideias para compartilhar sobre os motivos pelos quais estamos onde estamos e o que devemos fazer a respeito.

> **Não acredito que as mulheres sejam melhores ou mais inteligentes que os homens. Simplesmente acredito que somos iguais e que deveríamos, juntos, governar e fazer mover o mundo (e suas empresas e organizações).**

Como este livro funciona

Você ainda não tem certeza se precisa ou quer ler este livro? Acredita que a desigualdade de gênero não seja mais uma questão relevante e que haja outras prioridades mais importantes que deveríamos estar abordando? Então, você é *exatamente* o tipo de pessoa que deve ler este livro. É só dar uma olhada em alguns dos vários dados estatísticos em **"Sim, isso é um problema"**. Posso garantir que esse capítulo mostrará a você como a desigualdade de gênero ainda é um problema imenso e por que ele é tão importante – um desafio no qual você vai querer se aprofundar.

Você é como eu era antes? Uma mulher bem-sucedida que teve a sorte de não estar do lado prejudicado das questões de desigualdade de gênero e não está interessada em se envolver nelas? **"Você tem fobia de feministas?"** Prosseguirei compartilhando algumas coisas das quais você talvez não esteja ciente, mas que mudarão sua perspectiva sobre apoiar outras mulheres e irão destacar como é possível fazer isso.

Você é um homem bom e decente que apoia a igualdade de gênero e acredita que não contribui com o problema e que, portanto, não precisa se envolver nisso? Você ao menos se preocupa com o fato de a igualdade de gênero ser uma ameaça a você e a sua carreira? Será que trata a diversidade e a inclusão como uma melhoria coadjuvante, não como algo fundamental ao sucesso de uma empresa? Se sim, você não faz parte do pequeno grupo de **"Poucos homens ruins"**, mas verá que os homens se dão melhor no mercado de trabalho e que isso, na verdade, não é o melhor para você. Você concordará que precisa, sim, envolver-se na questão da igualdade de gênero e se preparar para entrar no time como um "homem feminista" plenamente desenvolvido.

Mesmo que nunca assuma isso em voz alta, há uma pequena parte em você que acha que os homens conseguem os melhores empregos porque os merecem? **"Será que os homens são simplesmente melhores?"** Você verá evidências que provam que não há diferença de intelecto ou de competência entre homens e mulheres. Não há nenhum motivo lógico para um só gênero ter uma parte desproporcional de posições importantes nas empresas e na sociedade.

Então, por que os homens se dão melhor no mercado de trabalho e conseguem a maioria dos melhores empregos? Quando todas as questões e dúvidas sobre a causa da igualdade de gênero forem abordadas e todo mundo estiver 100% preparado, irei além dos fatos e dados e me aprofundarei nas razões subjacentes e inconscientes que causam e perpetuam a desigualdade de gênero. Isso inclui **"O poder invisível da cultura (e outras influências)"**, **"A parte científica"**, **"A equação confiança *versus* competência"** e **"Fazendo boas reuniões"**.

Também inclui **"A teoria do guarda-chuva"**, em que veremos a enorme quantidade de mulheres que acreditam no mito da meritocracia e não compreendem a necessidade de investir em networking e em marketing pessoal. Também discutiremos o impacto do trabalho não remunerado (tarefas domésticas, cuidados com os filhos etc.) sobre as mulheres, e como elas conseguem fazer tudo isso além de terem um bom emprego.

A essa altura, você deve estar se perguntando: e as **"Mulheres que vencem no mercado de trabalho"?** Mais de 90% dos melhores empregos são ocupados pelos homens, mas não 100%. Apresentarei a você algumas mulheres excepcionais, as "Super 7%", que atingiram os níveis mais altos nas empresas. Exploraremos suas atitudes em relação a trabalho, homens, relacionamentos, família, cuidado com os filhos, regras de vestuário e mais, para que você entenda o que as torna um ponto fora da curva.

Quando se discute desigualdade de gênero, fala-se muito sobre "sororidade"[3]. É importante demais que mulheres se apoiem e que, quando se tornam bem-sucedidas, abaixem a escada para mulheres seguirem o seu sucesso. Mas não há muitos exemplos de que isso esteja acontecendo – **"Irmãs (não) estão cuidando umas das outras"**. Discutirei por que é assim e como todos podemos, e devemos, trabalhar cada vez mais para corrigir esse quadro.

Por que mulheres não podem observar os motivos pelos quais os homens vencem no mercado de trabalho e aplicar isso para também se tornarem bem-sucedidas? Em **"A parte cruel"**, examinaremos por qual razão isso simplesmente não funciona e como é necessário que haja outra maneira para atingir esse objetivo.

Tendo percorrido todos os pontos que impulsionam a desigualdade de gênero, analisaremos o panorama geral e perguntaremos: **"Afinal, por que os homens se dão melhor que as mulheres no mercado de trabalho?"** e **"E agora, o que diabos faremos a respeito?".** Independentemente de você ser pai ou mãe, patrão ou patroa, gerente, criador de mídias, mulher ou homem, darei sugestões de intervenções e iniciativas a tomar para estimular de forma consistente a igualdade e a diversidade em nosso mundo.

1

Sim, isso é um problema

Há alguns anos, tive várias discussões com muitas pessoas sobre diversidade de gênero, e elas praticamente começavam do mesmo jeito. Às vezes, estou conversando com uma mulher que esteve do lado prejudicado da desigualdade e, portanto, ela está dolorosamente ciente do problema, "entende-o" e faz questão de discuti-lo. Mas, na maioria das vezes, essa discussão se depara com uma ou mais das reações a seguir:

1. Não sei por que as mulheres ainda estão fazendo um escarcéu por isso, uma vez que isso nem é mais um problema, pelo menos não onde trabalho, com toda certeza. Mulheres recebem o mesmo tratamento que homens. Na realidade, o sexismo não existe mais.

2. Hoje as mulheres são iguais – mais ou menos.

3. Francamente, acho meio vergonhoso reclamar de questões de gênero quando somos tão sortudas se nos comparamos com mulheres de apenas 50 anos atrás, e também com as que moram em outras partes do mundo e estão lidando com problemas reais. Com nossos bons empregos e bons salários, nós temos uma vida de ouro, isso sim.

4. Para ser honesta, penso que algumas mulheres usem isso como desculpa. Se não conseguem o emprego ou a promoção que desejam, elas culpam a desigualdade de gênero. Talvez devam fazer uma autocrítica e aceitar que simplesmente não são tão capazes quanto a pessoa que os conseguiu.

5. Não há mulheres o suficiente com a experiência e os requisitos certos, e esse é o único motivo pelo qual os homens estão conseguindo a maioria dos melhores empregos. Precisamos construir o caminho desde o princípio.

6. Apenas colocar mulheres que são como homens participando de equipes e em cargos superiores não ajuda ninguém – algumas agem mais como homens do que os próprios homens, elas são "masculinas". Essa não é a solução para estimular a diversidade.

7. Não deveríamos falar apenas sobre diversidade de gênero, mas sobre diversidade em geral – a importância de estilos e mentalidade diversas, que podem vir de homens e mulheres. (Também não discutiria com essa argumentação, mas, nesse caso, não se percebe que um grupo dominado por homens, com falta de mulheres, provavelmente também não terá diversidade de mentalidades.)

Na frente de combate da diversidade de gênero, sim, isso ainda é um problema. Por mais que eu aprecie o progresso ao longo dos últimos 100 anos, e aprecie também o fato de que agora as mulheres sejam autorizadas a votar e deixar o pessoal de casa se virar, o que temos hoje não é o que se poderia chamar de igualdade para as mulheres. As pessoas veem uma mulher obter um cargo de CEO ou ser eleita como primeira-ministra e pensam: "missão cumprida". Mas isso não é verdade. Na melhor das hipóteses, o progresso que estamos vendo é bem lento; na pior, inexistente, e ainda há um longo caminho até a verdadeira igualdade – a qual, no caso de haver alguma dúvida, significa que todos os espaços deveriam ser 50% femininos.

> Na melhor das hipóteses, o **progresso** que estamos vendo é **bem lento**; na pior, inexistente, e ainda há um **longo caminho** até a **verdadeira igualdade** – a qual, no caso de haver alguma dúvida, significa que todos os espaços deveriam ser **50% femininos**.

Na Women's Equality Party Conference [Conferência do Partido pela Igualdade Feminina, em tradução livre] de 2018, Sandi Toksvig, cofundadora do partido, deu vida à questão da desigualdade de gênero de um jeito hilário. Ela nos contou que, das 100 empresas da FTSE, sete são geridas por mulheres, mas 17 são geridas por homens chamados John, e 14 delas, por homens de nome Dave.[1]

Vamos analisar outros fatos menos divertidos sobre igualdade de gênero. Entre os *rankings* de 2020 da Fortune 500 das principais empresas nos EUA, a manchete irritantemente comemorativa da Fortune sobre "bater um recorde histórico" anunciou que 37 empresas têm mulheres como CEOs, o que corresponde a 7%. Nenhuma tem uma CEO negra.[2] Também vale observar que essas líderes mulheres estão concentradas na base da Fortune 500, em que as empresas são menores. A Europa fica ainda mais atrás, pois menos de 3% das 500 empresas da S&P Europe tem uma CEO mulher.[3]

Uma justificativa que frequentemente ouço é que a maioria das mulheres não querem ser CEO, porque têm outras prioridades na vida. Mesmo que isso valha para algumas, nem tente me dizer que 90% ou mais de homens querem ser CEO, mas menos de 10% das mulheres também querem. Inclusive 45% das mulheres – contra 54% dos homens – afirmam que gostariam de se tornar CEO.[4] Além disso, no início da carreira, 43% das mulheres – contra 34% dos homens – almejam atingir o alto escalão. (Embora, após dois ou mais anos de experiência, esse número caia para 16% entre as mulheres, enquanto para os homens permanece o mesmo.)[5]

Mais tarde discutiremos por que isso acontece, mas nenhum dado indica que apenas 7% das mulheres queiram chegar ao cargo de CEO, mesmo quando começam a enxergar os obstáculos que enfrentarão pelo caminho. E essa questão não é apenas sobre homens *vs* mulheres em cargos de CEO. Recentemente, a Hampton-Alexander Review comemorou o fato de a FTSE 100 ter 32,4% de mulheres em cargos executivos (ainda bem longe dos 50%), com apenas 23,1% de mulheres em posição de liderança; e nada indica que isso vá melhorar, considerando que 68% das novas nomeações são destinadas aos homens.[6] Outros dados estatísticos para observarmos: 66% dos cargos executivos de RH são ocupados por mulheres, mas, quando falamos de cargos de Direção Financeira, o número cai para 15%. Somente 25 conselhos de liderança das empresas FTSE 350 nomearam uma mulher como presidente. Entre as diretorias das empresas da FTSE 100, duas delas têm todos os cargos executivos inteiramente preenchidos por homens, e seis delas têm seus comitês executivos compostos apenas por homens, da mesma maneira como acontece em 38 dos comitês executivos das empresas FTSE 250. Seis empresas da FTSE 100 não têm nenhuma diretora mulher.[7] Só 19% das posições de liderança nos EUA são ocupadas por mulheres[8] (de certa forma, parece mais chocante dizer que os homens ocupam 81% de posições de liderança).

Um relatório da McKinsey de 2018 revelou que 65% de todas as mulheres executivas ocupam funções fora da gerência,[9] e dados da Grant Thornton de 2016 mostram que mulheres representam apenas 24% os cargos seniores nas empresas dos EUA.[10] Um homem tem 10 vezes mais chances de ser sócio em um escritório de advocacia e três vezes mais em uma firma de contabilidade, e apenas 10,5% dos gestores de investimentos são mulheres.[11]

Três por cento do fundo mundial de capitais de risco foram destinados a *start-ups* fundadas apenas por mulheres no ano financeiro concluído em outubro de 2019, e *start-ups* gerenciadas por mulheres recebem apenas 2% dos investimentos de empresas de capital de risco nos EUA, apesar de 39% das empresas privadas serem de propriedade de mulheres. Curiosamente, fundos liderados por mulheres também investem amplamente em homens.[12] Até mesmo na população ativa total existe uma questão de gênero: nos EUA, em 2000, 59,9% das mulheres de 15 anos ou mais faziam parte da população ativa; o índice caiu para 58,6% em 2010 e 56,7% em 2015.[13]

Em minha empresa anterior, que tem como foco o incentivo à igualdade de gênero, nós percebemos uma queda de mulheres em todos os níveis. Quase 50% dos novos membros do cargo de entrada de gestão eram mulheres, mas no segundo nível de gerenciamento o índice caía e, perto do terceiro, já era por volta de 40%. No nível de vice-presidente, o índice caía para 30% no mundo, e ainda mais na Europa. A Organização das Nações Unidas (ONU) tem um perfil de queda semelhante, e afirma que levará 703 anos para se atingir a paridade de gênero no nível superior, com base em suas taxas de progresso dos últimos 10 anos.[14]

Quando você dá um passo para trás e reflete a respeito, é verdadeiramente inacreditável permitirmos que essa seja a nossa realidade sem nos esforçarmos para entendê-la e saber como interferir. Como afirma secamente Hanneke Faber, presidente da Unilever Europeia, "é difícil acreditar que mulheres fiquem mais burras com o tempo".

Mulheres também são extremamente sub-representadas na política e no direito. De acordo com a ONU, em outubro de 2018, somente 9% dos Estados-membros tinham uma mulher como chefe de Estado ou de governo, e um relatório de 2020 do World Economic afirma que apenas 25% das cadeiras parlamentares no mundo são ocupadas por mulheres, caindo para somente 21% em cargos ministeriais.[15] Só 10 países possuem gabinetes de igualdade de gênero.[16]

Apenas 34% dos parlamentares no Reino Unido são mulheres, e houve menos parlamentares mulheres na história que a quantidade de homens que ocupam cadeiras no Parlamento simultaneamente.[17] Hoje, mulheres ocupam somente 27% dos cargos ministeriais, o índice mais baixo desde 2014, e só sete dos 38 juízes do Tribunal de Apelação e 19 dos 106 juízes da Suprema Corte são mulheres.[18]

Nos EUA, quatro estados nunca elegeram uma mulher para o Senado ou para a Câmara, apenas cinco estados têm governadoras do sexo feminino e somente 31 mulheres já atuaram como governadoras, contra 2.317 homens. Mulheres ocupam 16,3% das cadeiras na Câmara dos Representantes e 16% das cadeiras no Senado. Hoje, um número recorde de 110 mulheres atuam no Congresso, o que representa uma pífia quinta parte das cadeiras.[19]

No Japão, somente 10% dos legisladores, altos funcionários e gerentes são mulheres.[20]

A falta de líderes mulheres na política é particularmente crítica, pois ilustra a extensão da diferença de gênero, e tem papel fundamental – talvez um dos mais importantes de todos – em criar e manter essa diferença. De acordo com o Banco Mundial, atualmente apenas seis países garantem direitos iguais a homens e mulheres. Na média dos países, mulheres dispõem de apenas três quartos dos direitos legais de que os homens recebem.[21] Como diz a deputada Caroline Lucas:

> Se houvesse mais mulheres aqui [no parlamento], seria mais provável que as questões claramente desiguais em termos de impacto sobre as mulheres seriam escolhidas e barradas [...] as políticas provenientes daqui seriam mais justas com as mulheres.[22]

Durante a crise de covid-19, muitas pessoas também observaram que alguns dos planos no Reino Unido, por exemplo, em relação à abertura das escolas, tiveram falhas sérias que não foram percebidas porque não se considerou a ótica feminina em sua elaboração.

A questão da diversidade de gênero na área midiática também é importante. Um estudo da Women in Journalism revelou que quatro em cada cinco histórias de primeira página foram escritas por homens, com 84% dessas histórias dominadas por uma pessoa do sexo masculino.[23] No Reino Unido, um em cada cinco apresentadores solo de rádio é mulher (só um em oito durante os horários de pico). Mulheres compõem apenas 24% dos profissionais lidos, ouvidos ou vistos em jornais, na televisão e em notícias de rádio. No Reino Unido, ridículos 5% da cobertura esportiva pela mídia são voltados para esportes femininos, e shows de comédia como *Mock the Week* foram criticados por "tokenismo de gênero",[24] com seus quadros dominados por homens.[25]

O mesmo acontece na indústria do cinema: mulheres correspondem a apenas 21% de todas as cineastas, e nos 92 anos de história do Oscar somente cinco mulheres foram indicadas ao Prêmio de Melhor Direção (só uma o ganhou, Kathryn Bigelow), e apenas 14% de todas as indicações foram para mulheres.[26] Uma mulher nunca ganhou o prêmio de Melhor Fotografia. Em seus 72 anos de história, Jane Campion foi a única mulher que ganhou a Palma de Ouro do Festival de Cinema de Cannes. Então, talvez não surpreenda o fato de que atores do sexo masculino passem 100% mais tempo na telona do que mulheres e que eles também tenham 69% dos papéis com falas, e que apenas 23% dos filmes retratem protagonistas do sexo feminino.

Uma pesquisa do Geena Davis Institute on Gender in Media [Instituto Geena Davis sobre Gênero na Mídia, em tradução livre] revelou que, de 2006 a 2009, nenhuma personagem mulher foi retratada em filmes de classificação livre no campo das ciências médicas, como líder empresarial, no direito ou na política,[27] e que nos EUA, nos 100 melhores filmes para a família de 2019, os protagonistas masculinos superaram o número de protagonistas femininos em dois para um.[28] Também perceberam o mesmo problema nas propagandas: com base na análise de mais de 2,7 milhões de anúncios no YouTube de 2015 a 2019, eles viram personagens femininas em 44% das vezes, mas somente 29% em um contexto empresarial e industrial, com os homens falando em 50% a mais das vezes e mais propensos a serem mostrados trabalhando ou em posições de liderança.[29]

Personagens do sexo feminino, por sua vez, são significativamente mais propensas a usar roupas mais ousadas e a ser mostradas na cozinha, fazendo compras ou limpeza. Isso talvez não nos surpreenda totalmente quando sabemos que, no mundo, 89% dos diretores de criação são homens.[30]

Quando assistimos a um filme ou um programa com o olhar apurado para as questões de gênero, começamos a notar que somos constantemente bombardeados por mídias criadas por homens, cheias de histórias e personagens voltados para o público masculino. O livro *Invisible Women* [Mulheres invisíveis, em tradução livre], de Caroline Criado Perez, registra de maneira brilhante até que ponto a experiência masculina veio a se tornar universal e a perspectiva feminina é excluída, e o que vemos é, na melhor das hipóteses, uma representação limitada e unidimensional das mulheres, e, na pior, uma representação nociva. Isso é crucial, porque está provado que todos somos imensamente influenciados pelo que vemos na tela e à nossa volta – se vemos homens na diretoria e mulheres na cozinha, isso afeta a maneira como todos nós percebemos as mulheres e seu papel na sociedade.

> Se vemos **homens** na **diretoria** e **mulheres** na **cozinha**, isso afeta a maneira como todos nós percebemos as mulheres e seu **papel na sociedade**.

Haley Swenson, uma colega da New America, em sua resposta ao estudo da Pew Research Center que calculou a representação de gênero nos principais resultados de pesquisa de imagens do Google, observou que o Google sub-representa de forma significativa mulheres gerentes e executivas[31] :

> Sabemos que o que se vê afeta a maneira como se entende o que é normal, e que isso, por sua vez, afeta o comportamento... Se você não acha normal uma pessoa como você fazer certo tipo de trabalho, você não o faz. Uma das coisas que estimula o assédio sexual são homens que executam esses trabalhos [gerentes e executivos] e entendem que as mulheres estão violando um espaço supostamente deles.[32]

Poderíamos perguntar sobre isso a Katrín Jakobsdóttir, primeira-ministra da Islândia. Prestes a subir no pódio para fazer um discurso, perguntaram a ela onde estava o primeiro-ministro da Islândia.[33] Visivelmente, ela não parecia o tipo de pessoa – leia-se, do gênero certo – que faria ou poderia executar esse trabalho.

Um dos principais problemas é que pouquíssimas pessoas estão de fato cientes de até que ponto estamos sendo influenciados pela mídia com imagens sobre disparidade de gênero ao longo do tempo – o impacto é bem inconsciente para nós. Ver a própria experiência e identidade refletidas de volta é algo que os homens têm como garantido, e eles não têm consciência de como as mulheres possuem experiências bem diferentes nesse contexto.

Como afirma Laura Bates em *Everyday Sexism* [Sexismo diário, em tradução livre]:

> Para um homem branco de meia-idade da classe média que vê o próprio rosto refletido em todas as páginas, todos os noticiários e todos os quadros de programas televisivos, deve ser difícil se imaginar como uma das várias mulheres comuns folheando um jornal atrás do outro, uma revista atrás da outra, vendo um filme atrás do outro e raramente tendo um vislumbre de si mesma.[34]

Talvez o mais preocupante seja o "conhecimento invisível" que está sendo desenvolvido pela inteligência artificial com base em jornais, revistas e obras literárias através dos tempos – os computadores que estão tomando decisões por nós estão aprendendo a ficar do lado dos homens e contra as mulheres.

Essa hiper-representatividade masculina na mídia tem um impacto significativo sobre a maneira como percebemos as mulheres, sobretudo quando combinada aos exemplos que vemos em cargos de CEO e de alta gerência, na política, no sistema judiciário ou mesmo na educação (no Reino Unido, por exemplo, só um em cada cinco professores e apenas um em cada sete da equipe docente da Universidade de Cambridge são mulheres).[35] Apenas metade das italianas e 40% das japonesas acreditam que mulheres sejam líderes elegíveis. "As mulheres deveriam se concentrar na família enquanto os homens trabalham."[36] Isso significa que não estamos apenas diante de uma disparidade de gêneros aqui e agora, também estamos diante de uma profecia autorrealizável que nunca será desfeita a não ser que haja uma mudança radical. Precisamos romper o ciclo, ou nunca veremos mulheres nos papéis em que deveríamos vê-las, e, para isso, a forma como elas são representadas precisa mudar – tanto nos papéis importantes que desempenham na sociedade quanto nas imagens que projetamos delas.

A boa notícia é que isso funciona e funcionará de forma recíproca. Indira Gandhi tornou-se primeira-ministra da Índia em 1966, e, quando seu mandato terminou, em 1977, 89% das indianas acreditavam que mulheres fossem líderes elegíveis.[37] Após oito anos de Vigdís Finnbogadóttir na presidência da Islândia, crianças abaixo de 8 anos pensaram que apenas mulheres podiam ser presidentes![38]

Acho que todos estamos cientes das diferenças salariais entre mulheres e homens. No Reino Unido, a média nacional de disparidade salarial é 17,3%.[39] A BBC foi o centro das atenções em 2017, quando apresentadoras mulheres, entre elas Sue Barker, Fiona Bruce e Clare Balding – e Carrie Gracie, em 2019 –, decidiram fazer uma reclamação pública. Ponto para elas, mas, na verdade, a BBC está longe de ser a maior infratora. Em 2019, mulheres que trabalhavam para a BBC tinham em média um salário 6,7% mais baixo que o de seus colegas do sexo masculino,[40] enquanto na Independent Television Network (ITN) essa diferença era de 15%.[41] Mulheres estão ganhando o que homens ganhavam em 2006, e estatísticos calculam que, nesse ritmo, a disparidade não terminará até 2186.[42] Evidentemente, esse não é um problema apenas no Reino Unido – a disparidade salarial média na Europa é 16%[43] (em uma companhia, vi um índice de 29%); os salários das francesas são 23,8% menores que os dos franceses;[44] nos Estados Unidos, mulheres que trabalham em período integral ganham 83% dos ganhos de homens que trabalham em período integral,[45] e em média todas as mulheres ganham 79 centavos a cada dólar ganho pelos homens;[46] e a renda média das japonesas é 73% da dos japoneses.[47] (Na área de finanças, o valor cai para 55%.)[48] A disparidade salarial está em todos os lugares.

Tudo começa no primeiro emprego depois da graduação (20% dos homens ganham cerca de £ 30 mil após se formarem, mas apenas 8% das mulheres conseguem, e, no direito, o salário médio de uma mulher graduada era £ 20 mil, cerca de £ 8 mil menos que o dos homens).[49] E continua com as mulheres recebendo médias de bonificações mais baixas.[50] Consequentemente, vemos que em média uma executiva ganha durante a vida £ 423 mil menos que um homem com carreira idêntica,[51] e não devemos, creio eu, surpreender-nos ao saber que só 9% dos 1.125 bilionários do mundo são mulheres.[52]

A questão de gênero não é explícita apenas quando mulheres trabalham para uma empresa; ela está presente também na fase de recrutamento. Um experimento revelou que, ao se contratarem pesquisadores para um emprego, a probabilidade de os homens serem contratados era duas vezes maior que de mulheres.[53]

Em outro estudo, milhares de e-mails de estudantes-fantasmas foram enviados a professores de instituições acadêmicas, solicitando uma reunião. Oitenta e sete por cento dos homens conseguiram um sim, mas apenas 62% das mulheres obtiveram o mesmo retorno.[54] A Cornell University enviou 1.276 currículos falsos e descobriu que os candidatos mais desejados eram homens com filhos, e os menos desejados eram – espere só – mulheres com filhos.[55]

Então, sim, a diversidade de gênero é uma questão. Está acontecendo. É uma responsabilidade de todos nós – e nossas empresas, organizações, sociedades e países seriam lugares muito melhores se esse problema não existisse. É hora de parar com essa espécie de "labirinto de negação".[56] Nem todos nós vemos ou vivenciamos a desigualdade de gênero com tanta veemência ou clareza quanto outras pessoas, e muitos indivíduos, homens e mulheres, não querem reconhecer isso ou falar a respeito. Mas ninguém pode analisar esses dados sem enxergar que a desigualdade de gênero é um problema e que este mundo é dos homens.

2

Você tem fobia de feministas?

Uma das coisas que mais me deixa frustrada é quando as próprias mulheres estão em negação sobre a questão da diversidade de gênero, têm "fobia de feministas" e resistem bravamente a se autodenominar feministas ou que outras pessoas a vejam como uma. Com qual frequência ouvimos mulheres dizendo "Bem, eu não chegaria ao ponto de me intitular feminista, mas..."? Se você é uma dessas mulheres, só posso presumir que talvez não saiba que a definição do termo feminista é tão somente "uma pessoa que acredita na igualdade social, política e econômica dos sexos".[1]

Duvido que haja alguma mulher por aí que não se diga feminista com base nessa definição. No entanto, muitas mulheres lutam contra serem consideradas feministas por conta das associações negativas erroneamente associadas ao feminismo ao longo do tempo. O fato é que o passado não favoreceu nem um pouco a causa da igualdade de gênero. Mesmo que não haja nada nessa definição sobre superioridade ou supremacia feminina e absolutamente nada relacionado a odiar homens, infelizmente muitas pessoas consideram essas coisas algo intrínseco ao feminismo e, consequentemente, não o apreciam e o temem. Sobretudo no mundo corporativo, muitas mulheres acham mais simples evitar se rotular como algo que poderá ser visto de maneira negativa pelos homens, e especialmente por homens que têm poder sobre os empregos e as carreiras. Como afirma Helena Morrissey, em *A Good Time to Be a Girl* [Boa época para ser uma garota, em tradução livre]:

> Algumas não quiseram fazer parte de uma iniciativa feminina específica [o "Clube das 30%"], expressando preocupações sobre como seriam vistas pelos colegas homens [...] elas não querem ser vistas levantando a bandeira feminina [...] mulheres de negócios de verdade deveriam focar problemas reais de negócios, não problemas de mulheres.[2]

Algumas mulheres acreditam que vão se beneficiar ao evitar a associação por conta da percepção de que apenas as "fracas" não sabem se virar no local de trabalho ou no mundo e, por isso, precisam culpar questões de gênero quando não são bem-sucedidas – então, essas mulheres escolhem se colocar "acima disso". Essa percepção do feminismo não é, em hipótese alguma, imaginária – um estudo de 2016 revelou que o desempenho de mulheres que se envolveram em esforços pela diversidade recebeu uma avaliação mais baixa. Quando Helena Morrissey fundou o "Clube das 30%", em 2010, com o objetivo de atingir 30% de representatividade feminina na diretoria da FTSE 100, ela foi acusada de "destruir as empresas britânicas", e relatou como seus esforços eram "difíceis, exaustivos e, muitas vezes, desanimadores".[3] Mesmo a primeira-ministra da Austrália, Julia Gillard, foi acusada pela mídia australiana de "apelar para a discriminação de gênero" e de "rebaixar todas as mulheres no Parlamento" ao levantar questões sobre diversidade de gênero.[4]

Percebi esse distanciamento do feminismo com muita clareza entre mulheres mais velhas da minha empresa anterior durante um dia de treinamento sobre diversidade de gênero para nossas gerentes seniores na Europa. Agora, leve em consideração que esse treinamento foi um investimento da empresa com o intuito, creio eu, de compreender e lidar com questões de gênero. E, mesmo assim, senti que eu era a única pessoa do sexo feminino ali que estava disposta a falar abertamente sobre quais eram minhas visões e impressões, como mulher, em uma equipe majoritariamente masculina. Além de algumas tentativas de comentários (que deparavam com silêncio e falta de compreensão da parte dos homens), as outras mulheres ficaram quietas. Ficou evidente que elas não queriam ser associadas com a questão do gênero e, além disso, que não queriam ser associadas comigo ou com o que eu estava dizendo sobre desigualdade de gênero, no caso de isso refletir negativamente sobre elas. Na realidade, elas não estavam erradas em ficar preocupadas com o modo como poderiam ser vistas caso se manifestassem – em determinada fase de minha carreira, um homem muito velho disse que eu deveria "maneirar com essas coisas de mulheres", já que isso me fazia parecer fraca e egoísta. Porém, na época desse dia de treinamento, eu já havia atingido um nível de experiência e visibilidade suficiente para dar conta de assumir a causa para as mulheres mais inexperientes e estimular a mudança, ou ao menos eu acreditava que sim. Porém, a impressão é que mulheres nunca podem atingir um nível experiente o bastante para conseguir essa proeza. Mesmo mulheres CEOs admitem evitar se posicionar por medo de serem vistas como alguém que não está focando "problemas reais de negócios". (Se você está se perguntando se eu maneirei, a resposta é: claro que não!)

> O assustador é que **mesmo garotas** jovens aprenderam a **não se expressar** na frente dos meninos sobre o **sexismo** que vivenciam, por **medo** de como podem enxergá-las.

O assustador é que mesmo garotas jovens aprenderam a não se expressar na frente dos meninos sobre o sexismo que vivenciam, por medo de como podem enxergá-las. Laura Bates fala sobre alunas com quem conversou e as descreve como

> incrivelmente eloquentes e cheias de ideias quando conversam comigo. Só que, mais tarde, durante uma discussão similar com o grupo do ano inteiro, elas se fecham completamente [...] na frente dos colegas homens, elas apenas aceitam, sem nem argumentar.[5]

Essa é uma pequena demonstração do que tantas vezes presenciei em mulheres de 45 anos ou mais em cargos de gerência muito altos – não me admira, uma vez que quando estávamos na escola já tínhamos aprendido a lição sobre o jeito mais seguro de nos comportar e de falar na frente dos homens.

Entretanto, ainda pior que mulheres que se calam diante desse problema são as que ativamente se posicionam contra outras mulheres. Um exemplo dessa afirmação foi quando a apresentadora da rádio LBC Julia Hartley-Brewer cobriu as acusações de assédio sexual contra Lord Rennard em 2013 e disse: "Ao longo desse caso, fiquei bastante enojada com o quanto [as vítimas mulheres] têm se portado de um jeito risível".[6]

Porém, na maioria dos casos, vemos mulheres se calando diante de questões sobre diversidade de gênero. Elas evitam chamar a atenção para si e seus problemas como mulheres e, em vez disso, tentam se encaixar e ficar ao lado dos homens, ou ao menos não irritá-los. Recentemente ouvi um homem dizer, sobre uma colega de trabalho, que "ela é uma boa camarada", o que quase me fez gritar ao pensar em como essa mulher deve achar que precisa se comportar e o que deve ignorar e negar a fim de ser considerada "um dos rapazes".

Então, mulheres – mesmo que eu entenda perfeitamente os mecanismos de defesa em um mundo desigual, não somos "boas camaradas" e temos responsabilidades conosco e com outras mulheres. Precisamos ter coragem de falar "sou feminista" e, quando necessário, instruir os outros sobre o que isso significa. Você não vai encontrar muitas pessoas que discordem da desigualdade social, política e econômica dos sexos – mas, caso aconteça, acredito que sejam pessoas com cuja opinião você não deve se importar!

Testemunhei um exemplo da velha negação feminina sobre questões de diversidade de gênero em um curso de treinamento de habilidades para reuniões do qual recentemente participei. Começou quando estávamos chegando e nos reunindo na primeira manhã. Nem todos haviam chegado à sala ainda, e, a essa altura, havia nove participantes mulheres e um só homem, que perguntou, em tom de brincadeira, se ele se inscrevera sem querer em um curso apenas para mulheres. Todas rimos, e eu disse:

> Você está tendo um gostinho de como as mulheres se sentem, em geral ficamos totalmente em desvantagem na maioria das reuniões de que participamos.

A maioria das mulheres sorriu e meneou a cabeça em reconhecimento, com exceção de uma, que disse:

> Francamente, não sei por que as pessoas ainda fazem um escarcéu sobre essa questão de gênero, nem acho que isso seja um problema hoje em dia.

Foi fascinante ver com que rapidez e clareza a mulher quis negar a questão do gênero e se dissociou totalmente disso para, com base em minha abordagem, "encaixar-se" e ser vista de maneira mais positiva pelo homem do grupo.

No entanto, aquilo não parou por aí e não parou nessa única mulher. Naquela noite, após o jantar, a conversa se voltou para a desigualdade de gênero, e um homem (que não chegara a tempo para a discussão matinal) também disse que não entendia por que ainda era preciso falar sobre diversidade de gênero, porque ele não via nada disso na própria empresa ou na equipe. Ora, vindo de um homem, isso é algo que espero perfeitamente ouvir, e abordarei os motivos mais tarde neste livro. O que me surpreendeu foi a resposta de várias mulheres do grupo. Muito educadamente, apontei (porque acredito que temos a responsabilidade de não nos calar e não deixar que coisas assim sejam ditas sem contestação) que existe uma quantidade imensa de dados que mostram que ainda há muitas questões relacionadas à desigualdade de gênero. Uma mulher concordou fortemente com o homem que isso não é mais uma questão. Outra mulher em minha mesa me contou que nunca vivenciara isso como um problema em sua longa carreira e que acreditava que mulheres que se queixam a esse respeito estão apenas usando-o como desculpa, porque não são "fortes" o bastante para atuar e competir com os homens. Com exceção de mim, não havia uma única mulher no recinto disposta a admitir que essa era uma questão real, muito menos que era algo que haviam pessoalmente testemunhado ou vivenciado. Sem dúvida, essas mulheres não queriam ser associadas a questões de gênero – elas preferiam ser vistas como "um dos rapazes".

Essa não é, de forma alguma, uma experiência isolada, e sim um dos exemplos mais extremos de negação feminina que já presenciei.

Eu não fiquei apenas extremamente frustrada com isso; fiquei muito chateada. Mesmo que, pessoalmente, eu não estivesse do lado prejudicado da desigualdade de gênero ou das questões sobre diversidade quando era mais jovem e mais inexperiente na carreira, acho difícil acreditar que essas mulheres, todas experientes e em altos cargos, nunca tenham vivenciado de fato essas questões – e, se vivenciaram, não acho aceitável ser conivente com homens negando-as e varrendo-as para debaixo do tapete. Levanto as sobrancelhas quando ouço alguém como Amaia Gorostiza, do time de futebol espanhol SD Eibar, dizendo:

> Nunca fui tratada de maneira diferente em minhas visitas a outros estádios e sempre trabalhei em ambientes predominantemente masculinos.[7]

Como CEO mulher de um time de futebol? Sério mesmo? Ainda que, por algum milagre, essas mulheres tenham conseguido escapar às questões de gênero ao longo da carreira, não gosto de ver a experiência de outras mulheres sendo negada e refutada (ou de qualquer outra pessoa que vivencie desigualdades). Existem ambientes de trabalho cheios de mulheres nos dizendo que a desigualdade de gênero as afetou de forma negativa, então, vamos fazer o favor de ouvi-las e respeitá-las.

É bom lembrar que questões de gênero não são apenas atitudes e comentários explicitamente sexistas, objetificação ou coisa pior. Se você não sofreu assédio sexual, seu chefe não lhe disse que você perderia o emprego se não dormisse com ele, não teve o corpo como alvo de comentários por um homem no escritório nem foi verbalmente insultada ou abertamente tratada de forma condescendente – isso é que é boa notícia, algumas mulheres infelizmente tiveram de passar por isso, mas a maioria não, ainda bem. Porém, a qualquer mulher que afirma não ter vivenciado a desigualdade de gênero eu faria as seguintes perguntas:

⊚ Em uma reunião, você já ficou observando os homens tagarelando por horas a fio, esperando sua chance de falar, lutando para conseguir fazer um mísero comentário?

- Então, quando enfim você tem a chance de falar, sente-se sob pressão para dizer rapidamente o que pensa, porque sabe que não terá muito tempo até que alguém a interrompa (e reconhecendo, posteriormente, que você não se expressou de maneira tão marcante e convincente como deveria)?

- Ou já foi interrompida no meio da argumentação, muito embora só tivesse cerca de 30 segundos disponíveis, e um dos homens proferiu anteriormente um monólogo improvisado de 10 minutos e cinco argumentos?

- Já deu uma opinião ou sugestão que foi ignorada ou quase passou batido e que mais tarde foi repetida em uma reunião por um homem e, aí, transformou-se em uma ideia brilhante e todo mundo começou a se envolver empolgadamente nela?

- E já chegou ao ponto em que parou de se importar com tentar oferecer mais contribuições em uma reunião que frequenta regularmente, porque ninguém estava dando ouvidos ou registrando o que você estava dizendo, então não parecia haver muito sentido?

- Ou, então, já perdeu um novo cargo ou promoção para um homem que não era tão capaz ou tão competente quanto você? Em toda sua carreira, você nunca viu essas coisas acontecendo com outras mulheres?

Se responder "sim" a qualquer uma dessas perguntas, você vivenciou a questão da diversidade de gênero. Há uma "pirâmide" de dinâmicas visíveis e invisíveis que leva ao que chamo de "Pirâmide de Maturidade de Gênero", cujo topo é o estado final desejado.

Figura 1 – Pirâmide de Maturidade de Gênero

Fonte: Arte de Sofía Lahmann

Muitas mulheres, ainda bem, não vivenciaram ou testemunharam a base da pirâmide – coisas visíveis e puramente sexistas –, e muitas trabalham para organizações muito boas que se esforçam bastante para apoiá-las com a maternidade e a criação dos filhos, então talvez elas acreditem que a diversidade de gênero não seja mais uma questão relevante, ou, pelo menos, não para elas. Porém, acredito que a maioria das mulheres, se não todas, esteja sendo afetada pelas questões do topo da pirâmide em que particularmente estou me concentrando (embora, reiterando, as questões da "base da pirâmide" e as mulheres que estão passando por elas devam ser nossa maior prioridade onde existirem).

Sei que ainda haverá alguns de vocês que genuinamente sentem que tiveram uma experiência positiva e não se depararam com nenhuma das questões da pirâmide de gênero, e mesmo as que estão no topo dela. Como disse anteriormente, eu entendo – tinha a mesma mentalidade alguns anos atrás, quando estava em um nível de menor experiência (semelhante ao de diretor). Tenho vergonha de admitir que eu era uma das mulheres que me viam como "forte" e acima de tudo isso, que não me deixava afetar e não conseguia imaginar um homem que conseguisse me deter. Então, não estou em condições de culpar ninguém por não ter percebido o problema – foi apenas quando atingi um nível superior de gestão predominantemente masculino que comecei a vê-lo e vivenciá-lo.

É possível que você não esteja sequer notando que está vivenciando o problema – como afirma Laura Bates, em *Everyday Sexism*, muitas mulheres veem e aceitam essas coisas como algo que "faz parte da vida – ou melhor, parte de ser mulher. As mulheres estão tão habituadas a vivenciar preconceitos de gênero que praticamente não conseguem mais registrá-los".[8] Ou talvez você ainda seja relativamente jovem e não tenha se deparado com questões de gênero na prática, mas receio dizer que, se continuar progredindo e sendo promovida, e o mundo continuar como é atualmente, você verá – portanto, não seja como eu costumava ser, ou se esforce para não ser. Como diz uma executiva que passou 30 anos em empresas Fortune 500: "Antes de chegar ao grupo dos C's (CEO, CMO, CFO), eu não me sentia nem um pouco deficiente".[9] Se *houver*, no entanto, uma mulher CEO ou diretora de conselho por aí que realmente sinta que não se deparou com questões de gênero e nunca teve de se adaptar a comportamentos masculinos para se encaixar e ser bem-sucedida, favor entrar em contato – se você existe, é nosso exemplo a seguir, e precisamos fazer um protótipo seu! Mas, acima de tudo, se você é sortuda o bastante para ser uma das raras mulheres que têm uma história pessoal positiva como mulher no mundo laboral, não negue a experiência de mulheres que não a têm e que conviveram ou convivem com questões de desigualdade de gênero. Faça o favor de ficar atenta, ouvir e aprender.

> **Se você é sortuda o bastante para ser uma das raras mulheres que têm uma história pessoal positiva como mulher no mundo laboral, não negue a experiência de mulheres que não a têm e que conviveram ou convivem com questões de desigualdade de gênero.**

3

Poucos homens ruins

Uma das maiores esperanças que tenho com este livro é que ele seja lido por homens, e que a leitura faça diferença à maneira como eles entendem a desigualdade de gênero – e, portanto, ao modo como reagem a ela. Por isso, antes de prosseguirmos, gostaria de acertar algumas coisas com os homens por aí.

Conheço muitos homens que não vão comprar nem abrir este livro porque acreditam que ele não seja algo que desejam ou querem ler, e sei que alguns de vocês que começaram a lê-lo ainda estão em dúvida se ele é para vocês e se devem continuar. Alguns de vocês, como certas mulheres, terão "fobia de feminista", por conta da bagagem agressiva e misândrica[1] que o termo "feminismo" agregou – e que, na prática, não tem nada a ver com ele. Feminismo é, pura e simplesmente, acreditar em igualdade: sou feminista, mas não sou, nunca fui e nunca serei misândrica. Nunca me cansarei de dizer que atitudes e palavras misândricas vindas de qualquer pessoa são tudo, menos úteis para a causa da igualdade de gênero, então não caia na armadilha de presumir que todas as feministas sejam misândricas. Sei que algumas mulheres, em sua luta ferrenha pela igualdade de gênero, realmente sentem a necessidade de projetar uma imagem do homem como o inimigo sinistro e repressor. Compreensivelmente, isso deixa a categoria masculina na defensiva e não os incentiva a querer apoiar mulheres ou apoiar a causa feminista. Mas o mais importante é que não, os homens não são os violões, e não é justo colocá-los dessa forma. Assim como tudo e todos nesta vida, características masculinas fazem parte de um espectro.

Em um extremo desse espectro, há uma porcentagem muito pequena, os "poucos homens ruins", que é sexista e misógina, e sabe disso (vou deixar você ficar imaginando por que eu os chamo de "os fanfarrões"), mas eles são raros e não representam a grande maioria dos homens. Além disso, há uma porcentagem muito ínfima de homens que realmente estupraram ou agrediram fisicamente uma mulher – e esses homens são considerados abomináveis tanto por outros homens quanto por mulheres, e não devem ser considerados farinha do mesmo saco. Proceder assim, como salienta Laura Bates, é "insultar profundamente a grande maioria dos homens, que são perfeitamente capazes de controlar seus desejos sexuais".[2]

No outro extremo do espectro, temos o que chamo de "homens feministas"; outra porcentagem irrisória. São homens que realmente entenderam o feminismo, percebem a questão da diversidade de gênero, compreendem-na, realmente se importam com ela e contribuem para abordá-la. O melhor exemplo de "homem feminista" que já tive o privilégio de conhecer é o psicólogo clínico John Van Vleet. Ele tem uma visão e uma compreensão incríveis das coisas que os homens fazem, consciente e inconscientemente, que criam barreiras para as mulheres e as detêm. Ele trabalha incansavelmente no mundo todo treinando homens sobre desigualdade de gênero e como lidar com ela em suas empresas, organizações e vidas. Se ao menos houvesse mais Johns trabalhando com a desigualdade de gênero – e mais pessoas se inscrevendo no treinamento dele!

Entre essas duas porcentagens ínfimas (os "poucos homens ruins" e os "homens feministas") em cada ponta do espectro, temos o restante dos homens – 90%, a imensa maioria. Eles não são misóginos nem sexistas – são homens bons e bem-intencionados, que respeitam as mulheres e acreditam que estão dando apoio a elas. Porém, não percebem que muitas vezes estão fazendo isso da maneira errada. Não é de propósito, e eles não sabem que estão, sem querer, aumentando os índices de desigualdade de gênero – como vamos abordar, boa parte desses comportamentos é estimulada por preconceitos inconscientes e fatores invisíveis.

Uma coisa que precisamos ter em mente é que, na maioria dos casos, homens não estão cientes dos problemas e das restrições que as mulheres enfrentam, porque *eles não são mulheres*, simples assim. Em certa medida, acredito que todos nós estejamos cientes da ideia de Donald Rumsfeld de que "não sabemos o que não sabemos"[3] – bem, homens também não sabem aquilo que não sabem. Seria de se esperar que um homem não soubesse ou compreendesse a experiência de uma mulher, independentemente do quanto esse homem seja decente, mesmo tendo boas intenções. É claro que os homens não entendem a igualdade de gênero do mesmo jeito que as mulheres, e elas não deveriam ficar bravas com eles por isso. A grande maioria dos homens não é assustadora ou maldosa; a maior parte deles é simplesmente alheia.

Porém, isso não é desculpa para que eles não assumam a responsabilidade por sua falta de consciência sobre como é viver e trabalhar sendo mulher. Você não sabe o que não sabe, mas isso não quer dizer que não possa tentar compreender melhor ou ter empatia com a situação feminina. Isso significa estar em alerta máximo e observar e ouvir com extremo cuidado, a fim de aprender e melhorar. Conheci poucos homens bem conscientes das barreiras que as mulheres enfrentam e do próprio privilégio masculino. Esses homens fazem de tudo para não usar esse privilégio de forma equivocada, mas muitos nem sequer se dão conta de que são privilegiados, e, para alguns, isso se tornou inclusive um direito. Quem quer que tenha sido responsável pelo programa de TV mal planejado *A Black Woman Took My Job* [Uma negra tomou meu emprego, em tradução livre] certamente não compreendeu várias coisas – como é que é, "meu" emprego? Um grupo de homens "engraçadinhos" da minha ex-empresa diria que "gostaria de renascer como mulher negra e lésbica para conseguir uma promoção". Se você está lendo este livro e pensa que seja mais fácil uma mulher negra e lésbica ser promovida antes de um homem branco heterossexual, então realmente precisa continuar a leitura – e espero que, no fim, sua consciência esteja bem diferente. Lembre-se de que há apenas 37 mulheres CEOs na Fortune 500, e nem mesmo uma delas é negra.

E por falar em desculpas e de não se esconder atrás da falta de consciência, aqui vai um breve discurso a respeito de um acontecimento que acredito ter disponibilizado o lugar perfeito para alguns homens se esconderem das questões de gênero.

O movimento #MeToo [#eutambém] foi extremamente importante para lançar luz sobre as questões da base da pirâmide. Ele criou um espaço para que as pessoas pudessem compartilhar experiências que, antes, não se sentiam capazes de tornar públicas, e foi uma movimentação fundamental para a mudança. É chocante saber que mulheres foram assediadas sexualmente no trabalho e pressionadas para fazer sexo – e não só mulheres. Isso precisa ser exposto, e os "poucos homens ruins" que têm esse tipo de comportamento devem ser seriamente reprimidos. O movimento #MeToo focou homens perigosos e manipuladores, culpados por terem cometido atos criminosos, mas felizmente isso diz respeito a uma ínfima minoria de homens. Porém, uma consequência inesperada desse enfoque foi dar aos homens que não são culpados pelas coisas pavorosas da base da pirâmide um pretexto para se sentirem acomodados, até arrogantes, e se desvencilharem das questões da igualdade de gênero: "Eu não assedio sexualmente nem manipulo ou abuso de mulheres, então estou acima do bem e do mal". Ao focar a discussão somente sobre as questões de gênero abordadas pelo movimento #MeToo, deixamos que eles escapem da conversa. A maioria dos homens não faz essas coisas, portanto pensa que sejam pontos irrelevantes para eles; portanto, talvez sintam que podem se desvencilhar de *todas* as questões sobre igualdade de gênero.

O #MeToo mostrou que estamos anos (e mesmo décadas) atrás de onde deveríamos estar quando falamos sobre igualdade de gênero. Não deveríamos ter de lidar com questões de "teste do sofá" e discutindo-as em pleno século XXI; elas deveriam ter sido encerradas e esquecidas há anos. Mas não foram, e, por isso, estamos sendo forçadas (com razão) a nos concentrar nessas discussões e, consequentemente, estamos sendo distraídas e desviadas do objetivo de discutir as questões sobre diversidade de gênero do topo da pirâmide que precisam ser discutidas o quanto antes. Precisamos conversar sobre o preconceito inconsciente e a discriminação da parte de homens decentes que também estão atrasando a igualdade e nos atrasando. Não vamos nos limitar a abordar apenas uma minoria de homens que trata as mulheres como objetos sexuais; vamos falar sobre como a maioria dos homens, sem querer, está impedindo as mulheres de se tornarem líderes.

Então, a todos os homens que estão por aí – por favor, não se escondam atrás do #MeToo e não o usem como pretexto para evitar conversas sobre igualdade de gênero. Tenho certeza de que você não é nenhum Weinstein ou Epstein e está bem acima das questões da base da pirâmide, mas *nenhum* homem está acima de contribuir com a desigualdade de gênero.

A esta altura, vou presumir que você seja um dos meus – um dos vários homens bons, bem-intencionado e disposto a aceitar que tem o privilégio de ser homem na nossa sociedade, e que às vezes, de forma inconsciente ou não intencional, pensa, diz ou faz coisas que criam barreiras para as mulheres. Sem dúvida, você acredita que estejamos progredindo e, possivelmente, é um dos 72% dos diretores de empresas do sexo masculino que acreditam que se dispensa uma atenção excessiva à diversidade de gênero, ou um dos 49% dos homens no mundo todo que pensam que o ambiente de trabalho tenha condições equitativas para homens e mulheres (e apenas 31% das mulheres concordam com isso).[4] Ou talvez você faça parte dos 67% de homens

> **"** Não vamos nos limitar a **abordar** apenas uma **minoria** de homens que trata as **mulheres** como **objetos sexuais**; vamos falar sobre como a **maioria dos homens**, sem querer, está **impedindo** as mulheres de se **tornarem líderes**. **"**

que acreditam que empresas e diretorias se tornarão naturalmente mais diversificadas com o tempo.[5] Talvez sinta que haja coisas mais urgentes para focar. A pergunta, portanto, é: por que você deveria se importar? Para que abrir mão do privilégio masculino? Por que ajudaria as mulheres a serem bem-sucedidas? Certamente isso seria como desistir dos melhores assentos em um jogo – e não apenas em um jogo, em todos os jogos, em casa e também fora dela, em qualquer temporada, para sempre. Por que você deveria se esforçar para ser um "homem feminista"?

Entendo que, se quisermos que você ajude e apoie a causa das mulheres (e nós realmente queremos isso), você precisa entender por que a igualdade de gênero é uma coisa boa e, sobretudo, por que é do seu interesse. Então, rapazes, é hora do papo de vendedor.

A hipótese simples é a de que, se as mulheres ganham, os homens perdem. E, na prática, existe um caso bastante convincente, com base em dados, que revela que isso não é verdade, e que a igualdade de gênero é boa para todo mundo.

Alguns anos atrás, tive a sorte de ouvir uma palestra dada pelo doutor Michael Kimmel – ele foi denominado "o homem mais feminista do mundo" pelo *The Guardian*,[6] e eu pergunto: pode haver um elogio maior para um homem do que esse? Sua pesquisa revelou que, quando os homens dividem as tarefas domésticas e o cuidado com os filhos, as crianças se saem melhor na escola e são mais saudáveis e felizes, as esposas são mais felizes, os homens são mais felizes e – espere só – fazem mais sexo.[7]

Talvez eu possa encerrar meu papo de vendedora aqui. Só que não: há muito mais por vir. A igualdade de gênero não beneficia apenas a família, mas a sociedade no geral. Tem sido mostrado que nações mais igualitárias se saem melhor em praticamente todos os parâmetros. Na Suécia, a expectativa média de vida são impressionantes 83 anos,[8] país em que as mulheres ocupam quase metade (47%) de todas as cadeiras no parlamento (contra 16% nos EUA e 32% no Reino Unido)[9] e 51% de todos os cargos profissionais e técnicos. O Women's World Index descobriu que, ao conceder licença-maternidade remunerada e cuidados médicos para mulheres "de melhor desempenho", os Estados Unidos conseguiram aumentar seu produto interno bruto (PIB) em 35%.[10] A McKinsey descobriu que acabar com o abismo de gênero no ambiente de trabalho rendeu um aumento de US$ 2,1 trilhões nos EUA, +1% de aumento anual do PIB, 6,4 milhões de empregos a mais[11] e poderia acrescentar US$ 28 trilhões ao PIB mundial, quase a totalidade das economias dos EUA e da China juntas.[12] Como sempre, Sandi Toksvig falou bonito na Women's Equality Party Conference de 2018: "A igualdade feminina tem potencial para transformar nossa economia e nossas vidas".[13] Michael J Silverstein e Kate Sayre, em *Women Want More* [Mulheres querem mais, em tradução livre], disseram algo parecido:

> A ascensão das mulheres traz consigo o que talvez seja a maior oportunidade comercial que já vimos ou veremos em toda a vida.[14]

Entre os dois limites do espectro entre família e nação, a igualdade de gênero é um estímulo comprovadamente positivo para empresas e, portanto, é também um estímulo positivo para todos – nas palavras do doutor Kimmel: "Igualdade de gênero é bom para os negócios [...] não é um jogo de soma zero, a torta vai ficando maior".[15] Uma das coisas mais importantes que eu diria aos homens é que isso não é caridade – são negócios. Vários estudos da Goldman Sachs revelaram que empresas que aplicam a diversidade de gênero na prática superam a concorrência em todos os parâmetros-chave.[16] Um estudo de 2011 da Catalyst mostrou que empresas com três ou mais diretoras obtiveram resultados financeiros significativamente melhores, e que companhias com maioria de conselheiras administrativas superaram as que tinham menos dessas profissionais em 16% nas vendas e 26% em ROI [Retorno sobre o Investimento].[17] Uma nova pesquisa australiana com base em seis anos de relatórios empresariais à Workplace Gender Equality Agency [Agência pela Igualdade de Gênero no Ambiente de Trabalho, em tradução livre] verificou que empresas que contratavam uma CEO mulher aumentavam seu valor de mercado em 5%.[18] As 50 maiores empresas têm 33% a mais de mulheres em seus cargos de diretoria, e companhias grandes que têm conselhos com três ou mais mulheres tendem a ser mais lucrativas, a ter maior restituição de ativos e melhor desempenho no mercado.[19] Em parte, isso poderia estar relacionado ao fato de que mulheres compõem metade da população. Yang Mianmian, da GE de Qingdao, acredita que a presença de mulheres na área empresarial seja crucial, porque elas trazem visões e conhecimentos que faltam aos homens: "Ser mulher na área de eletrodomésticos ajuda muito. Sou a projetista, a fabricante e também a usuária".[20] O fato de que, por ser mulher, ela seja a principal usuária dos eletrodomésticos é algo que abordaremos mais tarde.

Em 2018, a McKinsey descobriu que empresas com diversidade de gênero apresentaram 21% mais lucratividade. Também descobriram que empresas com mais mulheres em equipes executivas eram 27% mais propensas a liderar seu setor em geração de valor e capacidade lucrativa do que aquelas com menos mulheres. Além disso, a McKinsey revelou que empresas líderes têm maior participação de mulheres executivas em funções de linha de frente – enquanto empresas que não se preocupam com isso são mais propensas a ter um desempenho inferior ao de empresas do mesmo do setor.[21]

Um estudo da Gallup® de 2014 analisou dados de mais de 800 unidades comerciais de duas empresas, uma representando o varejo e a outra, a hotelaria. Eles descobriram que unidades comerciais com diversidade de gênero na empresa de varejo tinham uma renda média equivalente 14% mais alta que unidades menos diversas, e que a empresa de hotelaria mostrou uma média de lucro líquido trimestral 19% maior que unidades com menor diversidade.[22] O efeito positivo nas práticas comerciais também tem sido constantemente mostrado. Por exemplo, firmas com maior porcentagem de mulheres como diretoras de conselho e lideradas por presidentes mulheres são menos propensas a cometer fraudes ou violar regras de segurança.

A Russell Reynolds Associates revelou o poder das empresas de cultura diversificada e inclusiva lideradas por homens e mulheres, e que possuem características inatas de "consciência sobre a diversidade".[23] Eles realizaram longas pesquisas sobre Diversidade e Inclusão (D&I), perguntando a mais de 1.800 líderes no mundo todo sobre práticas e estratégias. Eles perceberam que equipes com líderes "conscientes sobre diversidade" e de mente aberta tendem a ver melhores resultados, incluindo maior satisfação com o emprego, sensação de pertencimento e lealdade entre funcionários – quando funcionários têm relações profissionais positivas com seus líderes e sentem que podem ser eles mesmos no ambiente de trabalho (independentemente do quão "diversos" se sintam), são mais propensos a contribuir em níveis mais elevados que outros e a melhorar o desempenho da organização. Consequentemente, essas equipes produzem ideias mais inovadoras e apresentam melhor gestão de riscos e maior desenvoltura para impulsionar disrupções, transformar e focar o futuro. Quando questionadas, as equipes relataram que líderes inclusivos capacitaram seu pessoal a ter um nível alto de desempenho (92% *vs* 26%); facilitaram tomadas de decisão de alta qualidade (90% *vs* 24%), apresentaram níveis maiores de inovação (90% *vs* 30%) e agilidade (91% *vs* 29%); e os capacitaram a lidar melhor com os riscos (91% *vs* 34%). Um exemplo específico foi a diretora de RH da Caterpillar, Latasha Gillespie, que organizou equipes com foco em diversidade de gênero, contexto geográfico, gerações, linguagem e função. Suas equipes produziram resultados incrementais de vendas com mais agilidade do que as empresas que usaram métodos tradicionais.

As diferenças dos dados de desempenho entre as equipes diversas e as não diversas não são insignificantes, e, o mais importante, é preciso ter um líder inclusivo para criar e desenvolver uma equipe inclusiva e diversa. Aliás, ao subvalorizar a liderança, muitas organizações perdem oportunidades importantes de promover líderes que possuem essas habilidades. Apenas 40% dos executivos acreditam que sua liderança seja responsável por incentivar uma cultura inclusiva, e somente 35% afirmam que sua liderança considera atitudes inclusivas como critérios para promover líderes.[24] Portanto, aqui temos uma clássica profecia autorrealizável em ação – liderança inclusiva estimula diversidade, e diversidade estimula o desempenho, mas é preciso que líderes inclusivos nasçam e cresçam em algum lugar, e isso é extremamente improvável de acontecer em uma cultura sem diversidade. Isso significa que quem deseja equipes mais fortes e resultados melhores (e tem alguém por aí que não queira isso?) precisa tomar o caminho

> **Liderança inclusiva** estimula **diversidade**, e diversidade estimula o **desempenho**, mas é preciso que **líderes inclusivos** nasçam e cresçam em algum lugar, e isso é **extremamente improvável** de acontecer em uma **cultura sem diversidade**.

mais rápido possível para criar uma equipe diversa. Para isso, devem identificar, estimular e promover os homens e as mulheres que demonstrem comportamentos inclusivos e que utilizariam desses comportamentos em suas lideranças – essas são as pessoas que deveriam estar vencendo no trabalho.

Há um sem-número de dados sobre o poder de equipes diversas para estimular um desempenho mais potente e, especificamente, sobre a força de equipes de gêneros diversificados. Como Anita Woolley e Thomas Malone destacaram na *Harvard Business Review*, em junho de 2011, com base em sua pesquisa sobre atribuir tarefas inteligentes a equipes:

> A única variável que prognosticou o sucesso de uma equipe foi a inclusão de mulheres. Se um grupo inclui mais mulheres, sua inteligência coletiva aumenta.[25]

A evidência de que essa afirmação seja verdadeira está em todos os lugares. E essa evidência começa a surgir desde cedo – estudos revelam que, no ensino médio, as salas de aula com melhor sucesso acadêmico sempre eram as que tinham uma porcentagem mais alta de meninas.

Vamos deixar uma coisa bem clara aqui – ninguém está dizendo que as mulheres são mais inteligentes que os homens, mas sim que ter mulheres na equipe aumenta a inteligência *coletiva* da equipe (e, como Woolley e Malone descobriram, isso altera inclusive o processo de raciocínio coletivo e muda para melhor o comportamento masculino).[26] Ninguém está dizendo que as mulheres são mais perspicazes que os homens, mas sim que elas trazem ideias diferentes que talvez os homens deixem escapar. Ninguém está dizendo que as mulheres são superiores aos homens, mas sim que uma equipe com um número equilibrado de homens e mulheres será superior a uma que só tenha homens. Nas palavras de Emmanuelle Quiles, diretora-executiva da Janssen France: "quando excluímos um grupo, excluímos parte da nossa capacidade de gerar valor".[27] O conceito de "Pensamento de Grupo", de 1952, de William White, não é novo e é adotado pelo ex-presidente da Rightmove, Scott Forbes, que afirma que "a diversidade imuniza um conselho contra o pensamento de grupo" – entretanto, a maioria das organizações e empresas ainda são constituídas sem diversidade suficiente para evitá-lo. Sem dúvida, de forma lógica, como afirma o doutor Scott Page, "é evidente que uma organização não desejaria, digamos, só homens brancos"[28] – mas, na verdade, isso está bem perto do que realmente temos em muitas organizações. Em última instância, todas as empresas deveriam desejar diversidade de opiniões, e Andy Haldane, economista-chefe do Banco da Inglaterra, dá-nos um bom exemplo sobre como pensar a diversidade de forma diferente. Em um processo de recrutamento, ele percebeu que o Candidato A tirou 8/10 no teste de triagem, e o Candidato B tirou 4/10. Porém, ele concluiu que B, não A, deveria ser contratado. Isso porque as quatro respostas corretas do candidato B incluíam as duas que o A errou; e ele sabia que precisava da "melhor pessoa para completar a equipe".[29]

Isso não tem a ver com mulheres contra homens. Qualquer equipe que não seja diversa sai perdendo, inclusive uma só de mulheres. Isso tem a ver com a importância da diversidade de opiniões, habilidades e abordagens na criação de melhores equipes, empresas e sociedades.

E, sem dúvida, qualquer pessoa escolheria fazer parte de uma equipe melhor, mais inteligente, mais perspicaz e mais capacitada, sobretudo ao saber que empresas que não estão desenvolvendo sua inteligência humana coletiva serão menos propensas a ter sucesso.

Na verdade, a lacuna de gênero oferece impacto duplo. Em primeiro lugar, não estamos potencializando as mulheres que poderiam fortalecer a equipe e seus resultados. Em segundo lugar, não estamos forçando os homens a darem o melhor de si como poderíamos, porque estamos facilitando demais para que eles consigam os empregos e as promoções ao fragilizarmos suas concorrentes do sexo feminino.

Portanto, rapazes, não estou lhes pedindo que se importem com isso só porque são homens decentes e têm uma esposa, mãe ou filha a quem amam ou porque é a coisa certa e justa a se fazer. Não estou pedindo que lamentem pelas mulheres e façam isso para serem "bonzinhos" com elas. Não faça isso pelas mulheres, faça por você. Sei que pode não parecer atraente sacrificar seu privilégio masculino – mas, na verdade, não é de fato um sacrifício. Deixo a pergunta: você quer vencer no trabalho e continuar estimulando o domínio masculino se isso significar que sua empresa terá um desempenho pior do que se ela tivesse diversidade de gênero? Você quer persistir na desigualdade ou preferiria fazer parte de uma empresa mais bem-sucedida em que homens e mulheres ocupam uma parcela justa dos cargos? Se quer que sua empresa e, portanto, você mesmo vençam (e é claro que você quer), todas as evidências afirmam que isso realmente significa que você deseja *parar de ver* apenas homens vencendo no trabalho. Você quer fazer parte de uma empresa mais diversa, mais produtiva, mais bem-sucedida e com igualdade de gênero. Portanto, na prática, como podemos dizer que os homens estão se dando bem no trabalho, se isso significa que as mulheres, ao perderem sua participação nos cargos das empresas, tornam os resultados mais deficientes do que deveriam ser? Evidentemente, ninguém está ganhando com isso.

Espero que esteja claro que nada disso tem a ver com odiar ou sabotar os homens. Ninguém está o acusando de ser uma pessoa ruim e ninguém está tentando dar nada às mulheres às suas custas. Você não tem nada a perder ao apoiar a igualdade de gênero e se tornar um verdadeiro "homem feminista" – na verdade, tem tanto a ganhar quanto qualquer um.

4

Será que os homens são simplesmente melhores?

Nós já definimos que os homens estão *de fato* se saindo melhor no trabalho e que a diversidade de gênero *é* uma questão. Agora, precisamos parar de negar que exista um problema e começar a atacá-lo de verdade. Mas, antes de respondermos à pergunta principal (por que é tão difícil para as mulheres vencerem no mercado de trabalho e por que os homens são mais bem-sucedidos), acredito que precisamos trazer à tona uma pergunta que alguns de vocês (homens e mulheres) já devem ter feito a si mesmos, ainda que nunca tenham ousado pronunciá-la em voz alta. A pergunta é esta: será que os homens se dão melhor que as mulheres no mercado de trabalho porque... são simplesmente melhores? Tenho certeza de que há pessoas por aí que, em segredo (e nem sempre em segredo), pensam assim e que talvez nós, mulheres, devêssemos simplesmente aceitar e deixar os homens fazerem aquilo em que são melhores.

Bom, não, eu não penso assim.

Não há *nenhuma* diferença entre homens e mulheres em termos de competência ou inteligência. Homens não são melhores. Mulheres não são melhores. Não podemos seguir a discussão se ainda houver alguma dúvida sobre isso, então, se alguém não estiver 100% convencido, vamos analisar os dados.

Vamos começar com o fato de mais da metade dos universitários no mundo todo serem mulheres, inclusive nas instituições mais prestigiadas de educação superior, como Harvard, Yale e Princeton.[1] Nos EUA, 57% dos alunos em faculdades ou no ensino superior são mulheres,[2] e, na Europa, 55%.[3] Mulheres receberam 60% de todos os diplomas universitários nos EUA – 30% das norte-americanas possuem graduação, contra 28% dos homens.[4] Nos EUA, mulheres conseguem mais *advanced placement* (AP)[5] e programas de honra [*honours classes*] no ensino médio que os homens; 61% dos beneficiários do English Scholastic Assessment Test (SAT) eram mulheres, contra 39% de homens. E, se por acaso você estiver pensando que é porque meninas e mulheres estão pegando apenas as matérias de artes e linguagens, reflita: 54% dos beneficiários SAT de Matemática eram mulheres, contra 46% de homens; 54% das meninas faziam quatro anos de Matemática, em comparação com 48% de meninos; 55% de meninas faziam Álgebra e Geometria, contra 45% dos meninos; 56% das meninas faziam outros cursos de exatas, comparado com 44% dos meninos.[6]

Qualquer que seja a forma de se analisarem dados referentes a educação, a história será a mesma – meninas e mulheres no mínimo se equiparam a meninos e homens em inteligência e desempenho acadêmico, ao ponto de que já faz bastante tempo desde a última vez que ouvi um homem duvidar seriamente de que mulheres sejam iguais aos homens em termos de capacidade cognitiva.

Porém, o que muita gente ainda questiona é se as habilidades versáteis das mulheres, inclusive sua capacidade de liderança, são tão fortes quanto as dos homens e se, portanto, elas são "boas o bastante" para os empregos importantes em vez de serem o "*back-up* de confiança".[7] Os dados afirmam que elas certamente são. Em 2009, o *USA Today* comparou o desempenho de mulheres CEO Fortune 500 (as únicas 13) com o de homens CEOs: as ações de mulheres CEOs subiram 50% em comparação à média de 25%.[8] A *Forbes* descobriu que, das 26 empresas de capital aberto de sua lista "2010 Power Women 100" [As 100 mulheres mais poderosas de 2010, em tradução livre], as chefiadas por mulheres excederam seus setores em 15%, e o mercado geral em 28%.[9]

Um relatório da McKinsey revelou que 89 companhias europeias com a proporção mais alta de líderes do sexo feminino superaram as médias do setor para a Stoxx Europe 600 com 10% a mais de retorno sobre o patrimônio, 48% mais lucros e 17 pontos percentuais a mais no aumento do preço das ações.[10] A firma de capital de risco First Round comunicou que seus investimentos em empresas fundadas por mulheres tiveram um desempenho 63% melhor que aqueles destinados a equipes de risco exclusivamente masculinas,[11] e estudos de gestores de fundos de investimento livre revelaram que os fundos femininos excederam os masculinos (vou pedir que você se lembre disso mais tarde, quando falarmos sobre a postura masculina e a feminina em relação ao risco).

Uma pesquisa feita por uma empresa de treinamento e desenvolvimento de liderança que entrevistou 7 mil líderes revelou que mulheres se saíram melhor que homens em 12 de 16 parâmetros de liderança excepcional (e fizeram a mesma quantidade de pontos nos outros quatro).[12] A pesquisa de Jack Zenger e Joseph Folkman, publicada na *Harvard Business Review*, revelou que:

> gestores – sobretudo, gestores do sexo masculino – percebem que suas funcionárias mulheres são ligeiramente mais eficientes que os homens em todos os níveis hierárquicos e praticamente em toda área funcional da organização [...] Destacando-se ao tomar iniciativas, agir com resiliência, praticar autoaprimoramento, conduzir resultados e demonstrar integridade e honestidade elevadas. Na verdade, elas foram consideradas mais eficientes em 84% das competências.[13]

O relatório "Women in America", da Gallup®, também revelou que:

> O comprometimento é o fator mais importante para capacitar pessoas, equipes e organizações a atuar com excelência. Quanto mais comprometida é uma equipe, mais ela proporciona resultados empresariais como lucratividade e produtividade.

E que:

> Como funcionárias e gestoras, mulheres são mais comprometidas no trabalho que os homens. Gestoras mulheres também lideram equipes mais comprometidas que equipes com gestores homens. Evidentemente, mulheres têm a vantagem do comprometimento.[14]

Eles perceberam que funcionários que trabalham para uma gestora do sexo feminino são em média 6% mais comprometidos que os que trabalham para um gestor do sexo masculino. Funcionárias mulheres que trabalham para uma gestora do sexo feminino são as mais comprometidas, e funcionários homens que se reportam a um gestor do sexo masculino são os menos comprometidos. Funcionários que trabalham para gestoras mulheres atribuem notas mais altas a quase todos os itens da pesquisa sobre comprometimento de funcionários da Gallup® do que funcionários que trabalham para gestores homens. Resumindo, eles afirmam:

> A descoberta sugere que gestoras do sexo feminino superam os colegas do sexo masculino em cultivar o potencial em outras pessoas.[15]

Só para constar, eles também verificaram que somente um pouco mais de um terço das mulheres são contratadas para trabalhar – por todos os motivos que abordaremos. Apenas imagine o que as empresas poderiam obter se contratássemos mais mulheres!

A economista Esther Duflo, do Instituto de Tecnologia de Massachusetts (MIT), descobriu que, na Índia, mulheres são mais competentes que homens em administrar os conselhos do vilarejo, porque aceitam menos subornos e direcionam mais recursos para infraestrutura crítica.[16] Yang Mianmian, da GE de Qingdao, citada como uma das 100 Mulheres Mais Poderosas do Mundo pela revista *Forbes* de 2006 a 2008, afirma que há "uma certa discriminação" contra mulheres, que ela conseguiu superar ao "definir um padrão mais alto que o padrão normal de trabalho".[17]

Em sua obra de título controverso, *Why Do So Many Incompetent Men Become Leaders?* [Por que tantos homens incompetentes se tornam líderes, em tradução livre], Tomas Chamorro-Premuzic deixa claro seu ponto de vista sobre as mulheres serem o gênero superior:

> Mulheres lideram melhor. Não sou neutro quanto a isso. Sou sexista a favor das mulheres. Elas têm mais habilidades interpessoais, são mais altruístas [...] Na universidade, elas superam os homens na graduação e na pós-graduação.[18]

Alguns de fato acreditam que, em geral, mulheres sejam melhores líderes que homens; outros, que as mulheres que atingem posições de liderança tiveram de ser mais fortes que seus colegas homens por conta das barreiras de gênero que precisaram superar para chegar lá. Sylvie Moreau, da Coty, contou-me que acredita que as mulheres precisem ser três vezes melhores e três vezes mais confiantes, porque devem se esforçar três vezes mais para serem ouvidas! Durante a pandemia de covid-19, tornou-se especialmente comum insinuar que dirigentes do sexo feminino fossem mais enérgicas que homens. A hipótese foi que chefes de Estado como Angela Merkel, da Alemanha, Jacinda Ardern, da Nova Zelândia, e outras fizeram um trabalho melhor em lidar com a crise, porque ouviram especialistas, tomaram decisões de maneira descomplicada, deram respostas rápidas e orientações consistentes. Em contrapartida, alguns dos líderes do sexo masculino foram acusados de adotar uma abordagem machista, ultraconfiante, e, como resultado, de tomar decisões ruins, resultando em falta de consistência.

Por mais que eu tenha gostado de ver tantos exemplos de liderança feminina na mídia (um aspecto que só pode ser positivo), questiono essa coisa ultrapassada de liderança e gênero. O que essas mulheres têm em comum, tirando o fato de serem mulheres, é que elas são líderes marcantes, mas seus estilos de liderança são muito diferentes: a postura de Merkel não é como a de Ardern, cuja conduta é mais semelhante à do canadense Justin Trudeau. Algumas posturas de líderes certamente são mais eficientes que outras, porém, o que Kristof Neirynck, diretor de marketing da Global Brands na Walgreens Boots Alliance, chama de "estilo de liderança do futuro" não pertence exclusivamente a mulheres, e não se devem julgar todos os líderes do sexo masculino porque alguns dirigentes de destaque fizeram uma bagunça vergonhosa ao gerenciar uma crise global.

> **Acredito que já seja hora de acabarmos com a guerra dos sexos e pararmos de debater qual gênero é superior** – isso coloca barreiras agressivas e defensivas entre homens e mulheres, e isso é **a última coisa** de que precisamos, se desejamos **avançar juntos nessa**.

Da mesma forma, é cedo para cantar vitória a qualquer líder antes de verificarmos as repercussões de longo prazo da covid-19 sobre a economia e a saúde mental. Portanto, na minha opinião, o argumento "mulheres são melhores líderes que homens" não é útil. Helen Lewis expressa melhor essa ideia no artigo "The Pandemic Has Revealed the Weakness of Strongmen" [A pandemia revelou a fraqueza dos homens fortes, em tradução livre]:

> Portanto, não vamos inverter o velho roteiro sexista. Após séculos de doutrinação de que os homens são naturalmente mais bem indicados para a liderança, o oposto não se torna verdadeiro da noite para o dia.[19]

Acredito que já seja hora de acabarmos com a guerra dos sexos e pararmos de debater qual gênero é superior – isso coloca barreiras agressivas e defensivas entre homens e mulheres, e isso é a última coisa de que precisamos, se desejamos avançar juntos nessa.

Para mim, homens e mulheres podem ser diferentes, mas são semelhantes, e, o mais importante, não há abismo intelectual ou de competência entre eles – simples assim. Então, a pergunta que não quer calar é: se homens e mulheres realmente têm habilidades equivalentes, por que tão poucas mulheres conseguem empregos como executivas? Por que não estamos par a par com os homens em todos os cargos de chefia? Se eles não são melhores que nós, por que ainda são mais bem-sucedidos? Por que é tão difícil para as mulheres vencerem no mercado de trabalho?

Você está pronto(a) para a resposta a essa pergunta, para a realidade brutal? No fim das contas, trata-se de uma resposta muito simples. Os homens se dão melhor no mercado de trabalho porque as pessoas que os promovem acreditam que eles sejam melhores que as mulheres. Os homens conseguem a maioria dos melhores empregos e detêm uma parte maior dos cargos de liderança porque são promovidos com mais frequência que as mulheres – não porque as pessoas que tomam a decisão estejam em uma campanha deliberada para favorecer homens e deter as mulheres, mas porque realmente acreditam que os homens sejam melhores e, portanto, se sairão melhor na função.

Nunca me esquecerei de uma discussão que tive sobre diversidade de gênero em minha empresa anterior com um grupo de pessoas, homens e mulheres, de quem eu gostava e a quem respeitava muito. Falávamos sobre o problema de sempre: por que é que recrutamos 50% de mulheres, mas, a cada nível acima, vamos ficando ligeiramente mais masculinos até saltar do cargo de gerente ao de diretor associado, quando a porcentagem de mulheres cai significativamente. Agora, leve em conta que esse grupo de pessoas fazia parte de uma equipe voluntária que estava trabalhando com a questão do gênero, portanto, elas se importavam com isso e queriam trabalhar para resolvê-la. Era um grupo muito bem-intencionado. Em dado momento, especificamos o assunto para tentar adentrá-lo abordando uma recente promoção de um homem feita por outro homem do grupo (por acaso, esse homem era um completo cavalheiro e uma das pessoas a quem eu mais admirava na empresa). Pedi-lhe que dissesse por que, no fim, ele escolhera o homem para o cargo, entre todas as opções que tinha. Sua resposta foi: "Considerei objetivamente todos os candidatos e o homem era o melhor".

Isso diz muito. Esse homem decente e bem-intencionado, que não era, de jeito nenhum, o que alguém descreveria como "sexista", dedicara o devido empenho, analisara "de maneira justa" todos os candidatos e pôde, portanto, sentir-se muito à vontade com a conclusão de que "o homem era o melhor". Agora, é claro que é possível (cerca de 50% possível, você diria) que, nesse exemplo específico, o homem realmente fosse a pessoa mais adequada e mais competente para o cargo. Mas o que aconteceu aí está acontecendo todos os dias, em todas as empresas, em todas as organizações, e a realidade é que

> Os **homens se dão melhor no mercado de trabalho** porque as pessoas que os promovem acreditam que eles sejam **melhores que as mulheres**. Os homens conseguem a maioria dos **melhores empregos** e detêm uma parte maior dos **cargos de liderança** porque são promovidos com mais frequência que as mulheres.

na maioria das vezes (90% a mais de decisões de nomeações de CEO, 80% a mais de decisões de conselho, e assim por diante...) chega-se à mesma conclusão – a de que o homem é melhor. Ora, isso simplesmente não está certo.

Uma questão profundamente enraizada aqui é a "síndrome do minieu". Em termos psicológicos, seres humanos são feitos para favorecer pessoas que se parecem com elas e, portanto, tendem a recrutar e promover outras que sejam "iguais a mim". Essa "clonagem" é um fenômeno natural, e ele começa cedo. Mahzarin Banaji, psicóloga social de Harvard, revelou que nossas preferências começam a se formar aos 6 anos de idade, e que crianças escolherão ficar com outras crianças que sejam parecidas com elas.[20] Com muita frequência, fazemos o mesmo quando adultos, ao tomarmos decisões de contratação em que "semelhante atrai semelhante".[21] O problema é que isso não necessariamente nos leva a fazer bons recrutamentos e a tomar boas decisões de nomeação, se "o responsável pela contratação está contratando por familiaridade em vez de contratar por qualificação", como me disse um CEO. E isso vai além de afetar nossas decisões ao contratar pessoas: também afeta até que ponto gerenciamos bem e fazemos crescer aquelas que trabalham para nós. Todos sabemos que o feedback ajuda as pessoas a melhorarem, mas a professora Linda Hill, da Harvard Business School, descobriu que as pessoas ficam mais à vontade em dar feedback a alguém semelhante a elas.[22] Assim, mesmo que tenhamos resistido a recrutar nosso minieu, inconscientemente talvez não estejamos incentivando nosso outro funcionário a crescer. De qualquer maneira, a profecia autorrealizável continua acontecendo.

A maioria de nós não percebe que está sendo influenciada por tudo isso; tudo o que sabemos é que gostamos da pessoa, que nos sentimos bem com ela, parecemos estar na mesma sintonia em relação a tudo e é prazeroso trabalhar com ela. Portanto, isso significa que o que há no topo geralmente vai se replicando conforme as pessoas convocam e promovem seus minieus, e, considerando que os homens detêm a maioria dos cargos de chefia em nossa sociedade, se eles continuarem se clonando com minieus, as mulheres realmente terão de batalhar para conseguir um lugar ao sol. E essa síndrome do minieu não é um problema só de mulheres, é de uma equipe inteira e todo seu desempenho – qualquer um que saiba alguma coisa sobre montar equipes de alta performance lhe dirá que ideias homogêneas são inimigas da inovação, e que promover e aprimorar seu minieu não é a melhor opção. Outro você é justamente aquilo de que sua equipe não precisa. Você precisa de alguém que enxergue as coisas de um jeito diferente e que veja coisas que, de outra forma, você deixaria passar. Você precisa de diversidade.

Portanto, essa é realidade nua e crua – homens pensam que são melhores e que seu desempenho é melhor, e atualmente eles detêm a maioria dos cargos de chefia e promoções, e atribuição de funções é uma decisão tomada em grande parte pelos homens. Logo, consequentemente, homens obtêm essas promoções e funções, passando por cima das mulheres. Assim, a profecia autorrealizável da dominação masculina em níveis de chefia persiste – e isso continuará se retroalimentando até o fim dos tempos, se não interferirmos de forma consciente.

5

O poder invisível da cultura (e outras influências)

Agora, vamos falar sobre por que as pessoas acreditam que os homens sejam melhores que as mulheres (e, portanto, na maioria das vezes conseguem o emprego de destaque ou a promoção), quando todos os dados indicam que não são. Um dos motivos principais é o poder invisível da cultura no ambiente de trabalho, criada onde há grupos dominantes e não dominantes – a cultura é intangível e inconsciente para a maioria. Adoro a metáfora da Men Advocating Real Change (MARC), que fala sobre treinar um peixe dourado na água – se você lhe perguntar como está a água, ele ficará bem confuso e questionará: "Hum, que água?".[1] Uma cultura dominante é percebida de fato apenas por aqueles que não fazem parte dela.

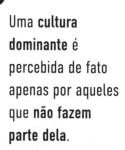

> Uma **cultura dominante** é percebida de fato apenas por aqueles que **não fazem parte dela**.

Vamos refletir sobre o poder invisível da cultura de um ponto de vista étnico. Enquanto brancos não precisam ficar pensando na própria etnia, pessoas racializadas lhe dirão que precisam fazê-lo constantemente. Passar um feriado com uma de minhas melhores amigas me ensinou isso. Ela é de origem indiana, e várias vezes eu a vi ser tratada de maneira diferente de mim. Um dos piores exemplos foi em um famoso hotel em Miami. Um dia, tranquei-me para fora do quarto e fui à recepção pedir uma chave nova, que recebi sem nenhum problema. Dois dias depois, minha amiga perdeu a chave dela e fez o mesmo pedido à mesma recepcionista, mas dessa vez encarou uma avalanche de perguntas e teve o RG verificado antes de conseguir a chave substituta.

E não parou por aí. Na última noite do feriado, voltamos ao hotel e tinha um segurança na porta (havia um evento chique naquela noite). Fui autorizada a entrar no hotel sem maiores incidentes, mas minha amiga, logo atrás de mim, foi parada e questionada. Havia uma única diferença entre nós, e era a cor de nossa pele. Acho que não preciso dizer que não voltaremos a esse hotel...

Isso me proporcionou uma ligeira percepção da dimensão do privilégio que eu tinha por ser branca, mas a realidade é que pessoas brancas fazem parte de uma cultura dominante que, na maior parte das vezes, elas desconhecem. De maneira similar, quando homens atuam em uma cultura dominante masculina, é claro que muitos não reparam nisso e não sabem que, às vezes, ela é desconfortável e difícil para mulheres que estão tentando atuar nela. Um homem ficou de fato confuso quando compartilhei com ele as coisas que mulheres vivenciam em um ambiente masculino (por exemplo, ser interrompida em uma reunião). Ele me disse que nunca tinha visto coisas do tipo e não as entendia de modo algum. Claro que não – ele é homem!

Presenciei um exemplo de cair o queixo dessa cegueira à cultura dominante. Um grupo de líderes seniores tinha passado dois dias fora do escritório em um treinamento sobre diversidade de gênero, que foi excelente para despertar a conscientização de como as mulheres vivenciavam as coisas em comparação com os homens. Uma das maiores discussões foi sobre reuniões do conselho executivo, que eram dominadas por pessoas do sexo masculino (coerentes com a porcentagem elevada de homens em cargos seniores na maioria das empresas) e não consideradas muito construtivas ou proveitosas pelas mulheres da equipe (posteriormente falaremos mais sobre a angústia das reuniões dominadas por homens). Após horas de discussão sobre isso e as experiências negativas das mulheres na equipe, um dos líderes homens confirmou a dificuldade de enxergar uma cultura da qual você é parte e em que se sente confortável. Tossindo um pouco para entrar no assunto, ele disse: "Bem, pessoalmente, devo dizer que gosto de verdade dessas reuniões e as aproveito". Foi realmente difícil para ele entender o que estava sendo discutido ali, e me dar conta disso fez meu queixo *literalmente* cair. Eu teria achado engraçado se não estivesse tão aflita por termos perdido tanto tempo discutindo algo que a maioria daqueles homens claramente não enxergava: a cultura predominantemente masculina era invisível para eles.

Mesmo eu, uma mulher, por muitos anos não notei a cultura predominantemente masculina no trabalho – provavelmente porque, antes de ser diretora, eu trabalhava em equipes e participava de reuniões em que o número de homens e mulheres era quase equivalente. Aliás, reconheço que tive sorte nisso, que em parte foi resultado de meu cargo no marketing (que em geral atrai mais mulheres) e em parte consequência do fato de que minha empresa era uma das melhores em termos de igualdade de gênero e diversidade, e colocava muita ênfase nisso. Tenho plena consciência de que minhas colegas mulheres da área de vendas ou fornecimento de produtos e minhas amigas em outras empresas descobriram a cultura dominada por homens muito antes na carreira. Pessoalmente, descobri-a mais tarde, quando fui promovida a vice-presidente.

Felizmente, hoje em dia é bem raro, ao menos em uma companhia ou organização de respeito, os homens se aproveitarem conscientemente de sua posição dominante na equipe e em uma cultura que rejeita mulheres para fazê-las parecerem e se sentirem menores e enfraquecê-las. Porém, não vamos ignorar que isso ainda aconteça. Uma de minhas grandes amigas me contou uma história de quando trabalhava com uma equipe 100% masculina em uma famosa loja varejista. Ela estava constantemente lutando para se fazer ouvir em reuniões, até que um dia um dos homens levantou a mão para o grupo e disse: "Psiu, a mocinha está tentando falar". Estou certa de que você consegue imaginar como minha amiga se sentiu à vontade, valorizada e empoderada depois disso – o que foi, tenho certeza, exatamente o que ele queria (no que Laura Bates descreve como "um exercício de poder, domínio e controle").[2] Acontece até na Câmara dos Comuns do Reino Unido. Em 2013, a deputada Caroline Lucas levantou questões sobre o sexismo na mídia, e o então primeiro-ministro David Cameron e os homens de sua primeira bancada riram dela.[3] Na pior das hipóteses, uma cultura predominantemente masculina pode transformar os homens em agressores de suas vítimas, mulheres isoladas e enfraquecidas.

Esses exemplos são terríveis, mas são extremos, e restam poucas dúvidas de que a maioria dos homens que fazem parte de uma cultura predominantemente masculina não têm consciência de que pertencem a ela na maior parte do tempo, se não o tempo todo. "O privilégio é invisível aos que o têm", como afirma o doutor Michael Kimmel.[4] O homem numa cultura predominantemente masculina é como o peixe dourado, ele toma o ambiente como garantido e nem sequer sabe que está nele, mas obviamente o local é tangível e visível aos outros.

Se a cultura de uma empresa é branca, masculina, anglo-saxônica e você é todas essas coisas, parabéns: você é um peixe dourado e se sentirá em casa em qualquer empresa-aquário. Porém, se você não é todas essas coisas ou, particularmente, não é nada disso, não se sentirá em casa de maneira alguma. É difícil ficar na água do

> Em qualquer situação, o **grupo dominante** sempre se beneficia da **competência presumida**, enquanto a competência do **grupo não dominante** é questionada ou, no mínimo, precisa ser **demonstrada e provada**.

peixe dourado se você não é um deles – e, quanto mais longe você está de ser um peixe dourado, mais difícil fica. Como diz Laura Liswood: "Caminhamos por mundos diferentes com base naquilo que somos".[5] Vale ressaltar que lidar com o "reino masculino" (nas palavras de Dina Dublin, ex-CFO da JPMorgan Chase) é difícil, porque é inconsciente, em vez de explícito e deliberadamente injusto. Como ela afirma, "é ilimitado e ineficaz, mas humano".[6]

Então, por que é tão difícil existir em uma cultura que não é a sua? E por que isso importa se você é mulher em uma cultura predominantemente masculina?

Primeiramente, em qualquer situação, o grupo dominante sempre se beneficia da competência presumida, enquanto a competência do grupo não dominante é questionada ou, no mínimo, precisa ser demonstrada e provada. Isso significa que o grupo não dominante precisa navegar pela cultura de uma forma diferente e trabalhar ainda mais para se afirmar.

Isso é válido inclusive nos cargos mais altos. Laura Liswood entrevistou todas as presidentes e primeiras-ministras da história e no mundo todo, e concluiu que a maioria das líderes mulheres no mundo disseram que são tratadas de maneira diferente de seus colegas homens.

Ela descreve sua experiência pessoal dessa sensação dolorosa:

> Ao longo de minha carreira empresarial, muitas vezes me senti apagada. Simplesmente não éramos vistas ou ouvidas do mesmo modo que os homens eram. Em comparação, nosso impacto e presença pareciam silenciados.

É outra espiral descendente, em que

> várias pessoas são desestimuladas, percebem a si mesmas como menos valiosas e sua autoconfiança é reduzida.[7]

De fato, está comprovado que o desempenho das mulheres *realmente* piora diante da presença dos homens. Isso começa com a questão de que "o jogo é deles, não meu", ou, como o doutor Kimmel coloca, é como se os homens dissessem: "Você pode se juntar a nós, mas não vamos mudar o cardápio".[8] Todos nós nos saímos melhor ao jogarmos um jogo que inventamos ou, pelo menos, quando estamos no controle e sabemos como se joga. No entanto, o buraco é muito mais embaixo. Teoricamente, quando estamos em nossa "própria cultura", sentimos um estado natural de inclusão. Ninguém precisa se lembrar de nos incluir nas coisas, simplesmente fazemos parte delas. Essa sensação é boa; sentimo-nos calmos e à vontade – temos o sentimento de pertencer a esse ambiente sem termos de refrear o que fazemos ou falamos, ou tentar imitar os outros para "nos encaixar". Consequentemente, nós nos sentimos tranquilos e confiantes, e conseguimos dar o melhor de nós. Evidentemente, isso quer dizer que o cenário oposto também pode acontecer, e sentimentos de exclusão podem ocorrer com a mesma facilidade, indicando que não estamos relaxados e confiantes, e, portanto, não conseguimos dar o melhor de nós. Se nosso estilo não corresponde ao estilo preferido, não nos sentimos confiantes e relaxados e, consequentemente, não parecemos confiantes. Isso impacta até que ponto as pessoas se sentem à vontade conosco, e, como bem diz Heather Wilson, porta-voz dos

EUA no Novo México, "uma parte de ser um bom líder público é deixar as pessoas à vontade com você".[9]

De forma interessante, pesquisas também revelam que a sensação de pertencimento é uma preocupação mais feminina, no geral – e, portanto, estar em uma cultura que não é a "delas", o que naturalmente acontece com muita frequência, causa um impacto maior nelas e em seu nível de conforto e confiança do que causaria se fossem homens. A esta altura, no entanto, temos de dizer que não são apenas mulheres que não têm uma sensação de pertencimento em uma cultura predominantemente masculina – muitos homens também não a têm. Estou certa de que uma das dinâmicas aqui é que as mulheres superestimam o quão à vontade todas as outras pessoas estão se sentindo e subestimam até que ponto os outros podem estar tentando aparentar se adequar. É provável que se todos estivéssemos cientes de não sermos os únicos que não se sentem "pertencentes", paradoxalmente nos sentiríamos mais à vontade e, portanto, teríamos essa sensação de pertencimento.

O que é muito importante aqui é que, em uma cultura predominantemente masculina, toda essa falta de conforto e pertencimento é invisível à maioria dos homens que se sentem à vontade dentro dessa cultura. Igualmente, aliás, algumas mulheres também podem não ter consciência dela, por estarem habituadas à sensação de pertencimento incompleta. Uma instituição financeira fez um estudo interno com quatro grupos: homens brancos norte-americanos, mulheres brancas norte-americanas, minorias norte-americanas e não norte-americanas, e descobriu que:

> Um dos grupos achava que a organização era uma meritocracia. Isso não necessariamente tornava o grupo dominante insensível [...] eles apenas presumiam que suas experiências eram as mesmas dos outros. Estavam confiantes de que o trabalho duro compensa, e que o salário e as promoções eram disponibilizados de maneira justa e equitativa.[10]

Os homens brancos norte-americanos eram o único grupo que vivenciava a cultura dessa maneira, porque é extremamente difícil para membros de grupos dominantes colocar-se na pele (ou, mesmo, estar consciente dessa pele) de membros de grupos não dominantes. A falta de inclusão, pertencimento e conforto dos grupos não dominantes não é tangível – tudo o que se pode ver é o resultado final disso, que é a autenticidade da pessoa e o desempenho. "Ele apenas é mais forte" é o que se percebe, e não os motivos subjacentes.

De maneira crítica, não somente o desempenho de uma pessoa é afetado pelo seu nível de conforto dentro da cultura, mas também até que ponto ela parece autêntica aos olhos dos outros – e isso é fundamental. Quando não sentimos a inclusão, não temos a sensação de pertencimento, e a necessidade de pertencer é tão básica em todos nós que tentamos "nos encaixar" para senti-la. Sarah Cooper sabe disso – de forma hilária, ela inclui um conjunto de bigodes portáteis no seu livro para permitir às mulheres parecerem mais masculinas. Porém, mesmo sem esses bigodes, quando tentamos nos encaixar em meio aos homens, não estamos sendo autênticas. E isso deixa os outros deslocados – as pessoas não podem apontar o dedo, mas sentem que algo não vai bem, algo em que elas não acreditam. Autenticidade é algo que as pessoas conseguem ler no rosto e na linguagem corporal, e, por definição, é difícil "performar autenticidade" – como Jean-Paul Sartre observou, tentar ser autêntico é fracassar.[11] Logo, a única maneira de ser autêntico é *ser autêntico* de verdade. Mas não conseguimos ser ou nos sentir autênticos se não nos sentimos relaxados, à vontade, confortáveis, "nós mesmos". Essa é uma das grandes desvantagens para as mulheres em uma cultura masculina – os homens têm a sensação de pertencimento e, portanto, conseguem ser e se sentir autênticos; mulheres não se sentem dessa forma, logo, não conseguem ser autênticas.

Margaret Thatcher ficou famosa por ser uma mulher que adaptou o próprio estilo para se encaixar. Ela foi bem-sucedida entre seu grupo predominantemente masculino (falaremos mais sobre ela depois), mas essa abordagem não demonstrou ser um exemplo que outras mulheres seguiram com sucesso. Um dos exemplos mais interessantes que vimos disso foi a campanha para a eleição presidencial de Hillary Clinton, em 2016. Jennifer Palmieri, assessora de comunicação de Clinton e autora de *Dear Madam President* [Querida senhora presidente, em tradução livre], compartilhou alguns insights fascinantes em seu discurso na Royal Society of Arts, em Londres. Para ela, o erro-chave cometido na campanha de Clinton foi transformá-la em uma "cópia feminina de um líder homem, imitando características masculinas". Por definição, ela estava "copiando", e, consequentemente, as pessoas não a acharam autêntica. O feedback constantemente ouvido era: "Há algo nela de que eu simplesmente não gosto e em que não confio", e, vamos encarar, muitos de nós ouvimos isso – alguns provavelmente até chegamos a dizê-lo.[12] Na ausência de um modelo de presidente norte-americana mulher, ela tentou se encaixar nos exemplos masculinos e aparentar pertencer ao mundo que até então foi dominado por homens.

Todos sabemos como a repercussão foi negativa para ela (e há quem afirme que foi ruim para os EUA e para o mundo todo). É fácil perguntar por que ela não mostrou seu eu verdadeiro para que as pessoas pudessem confiar nela. Se você é um homem, que se parece e age como todos os homens que o precederam num emprego, se é um peixe dourado e a água parece muito confortável para você, a coisa mais natural do mundo é ser você mesmo. Qualquer pessoa que tenha estado em uma cultura estranha, sem nenhum modelo para tranquilizá-las, sabe que é extremamente difícil arranjar forças e coragem para colocar o seu eu autêntico no jogo. Temos medo de não nos encaixarmos e não sermos aceitos. Na minha opinião, uma das características mais interessantes de Hillary Clinton é que ela é uma mulher muito honesta e direta, de acordo com Jennifer Palmieri – e foi por isso que ela se saiu tão mal em "disfarçá-la". Como seria irônico uma pessoa desonesta achar mais fácil fingir características masculinas para parecer mais autêntica e confiável. Pense em como pode sair caro quando tudo isso leva à tomada de decisões equivocadas.

Nem todos os cargos são como os de presidente dos EUA, mas a cultura predominantemente masculina impacta mulheres em todos os lugares, seu desempenho e como elas são percebidas. Uma grande amiga minha estava lutando para conseguir o cargo de gerente em sua empresa. Todos os anos ela batia e superava suas metas, mas, quando chegava a hora do balanço anual, diziam que ela ainda não estava 100% preparada para a promoção. Ninguém sabia lhe dizer o motivo, havia apenas uma sensação intangível para seus gerentes de que "faltava alguma coisa". Ela se sentia perdida – não estava à vontade em sua função atual e, na verdade, não gostava dela, mas persistiu, porque queria a promoção para gerente, que era seu objetivo. Pedi a ela que imaginasse que a promoção estivesse fora de suas possibilidades. O que ela faria? Ocorreu que havia outro novo departamento na empresa em que ela adoraria trabalhar. Perguntei se ela achava que ficaria mais feliz nesse cargo, no nível atual, ou se fosse promovida no departamento em que estava trabalhando na época. Ela deixou muito claro a resposta: no novo departamento. Assim, quando voltou ao trabalho após tirar férias, reuniu coragem e disse aos chefes que queria deixar a equipe atual e ser transferida para o novo departamento, para fazer um trabalho de que gostaria e num ambiente que percebia ser o ideal para ela. Eles lhe disseram que ela perderia a promoção, e ela comentou: "Então, que seja, isso é mais importante". Adivinhem? Poucos meses depois, ela finalmente conseguiu a promoção. Mas não parou por aí. No balanço anual seguinte, sua nova gerente começou a falar sobre promovê-la para o próximo nível de diretoria, com a possibilidade de estar no caminho de futuras potenciais parcerias.

O que aconteceu aqui foi que ela descobriu o que queria e de que precisava, e saiu de um lugar e uma função a que não pertencia para uma à qual pertencia. Consequentemente, sentiu-se à vontade, relaxada e capaz de mostrar a versão mais autêntica de si mesma. Todos ao seu redor perceberam isso e, de repente, pararam de pensar que faltava algo, passando a pensar que ela era totalmente brilhante e devia ganhar uma promoção atrás da outra. E ela ganhou. Era a mesma mulher que vinha lutando para ser reconhecida, valorizada e recompensada poucos anos atrás, mas, quando estava em um ambiente e uma cultura diferentes (que, por sinal, também era menos dominada por homens), ela conseguia ser mais autêntica.

Mas nem toda mulher tem sorte o bastante para ir embora e estar onde deve estar. Como resultado, todos estamos perdendo com esse potencial feminino não realizado. É extremamente importante que estejamos cientes do efeito negativo que uma cultura predominantemente masculina tem sobre mulheres que não pertencem a ela – como elas se saem, como as percebemos, a confiança que temos nelas e, como resultado, as decisões que tomamos sobre sua capacidade (ou não) de fazer bem um trabalho em comparação com outras opções para o cargo. Uma pesquisa da Catalyst revelou que:

> Mulheres que pareciam "outras" com base em uma ou mais características tinham menos probabilidades de estar em cargos de poder e eram menos promovidas.[13]

E também que, positivamente, quando as pessoas se sentem valorizadas por serem únicas, elas proporcionam mais inovação.

O poder invisível da cultura, do pertencimento e da autenticidade está em jogo para as mulheres em todos os lugares – na cultura predominantemente masculina de nossas organizações e empresas, nós podemos ser iguais, mas não somos os mesmos. Não ser o mesmo leva a comportamentos invisíveis e intangíveis, que conduzem à percepção de que mulheres não são iguais em termos de inteligência e competência. Na verdade, alguns afirmam que até mesmo as mulheres que começam a competir e agir nessa cultura não podem ser apenas iguais, mas precisam, inclusive, ser mais fortes que os homens, a fim de superar a pilha de obstáculos com que deparam. A esse respeito, o escritor John Scalzi faz uma colocação maravilhosamente brilhante: "No jogo de RPG conhecido como Mundo Real, 'Homem Branco Heterossexual' é o nível de dificuldade mais baixo".[14]

De fato, é bem irônico o fato de os homens geralmente adorarem competir e ser vistos competindo no nível mais alto e padronizado possível e, ainda assim, contentarem-se em jogar no nível mais baixo de dificuldade no trabalho.

E a cultura não é a única influência invisível que prejudica as mulheres; o preconceito inconsciente é outro monstro invisível que mora nas profundezas de cada um de nós. O viés cognitivo é simplesmente o que o cérebro faz para maximizar sua eficiência quando confrontado com uma quantidade esmagadora de informações vindas de todas as direções, todos os dias. Como diz Joshua Burkhart a respeito do cérebro em seu artigo "We're Half Blind Until We Work With the Unconscious" [Somos meio cegos até trabalharmos com o inconsciente, em tradução livre]:

> " No jogo de **RPG** conhecido como **Mundo Real**, 'Homem Branco Heterossexual' é o nível de dificuldade **mais baixo**. "

> Ele [o cérebro] gosta de informações com as quais está familiarizado, ele as seleciona e as inclui, com conexões neuronais, para consolidar sua visão de mundo. [...] Sempre tentando maximizar a

eficiência e conservar recursos, o cérebro não gosta de reprogramar seus neurônios.[15]

Como consequência, o cérebro padronizará naturalmente a categorização das coisas no local mais fácil e óbvio de acordo com o que aprendeu, ao longo do tempo, que era aí a que essas coisas pertenciam. Isso quer dizer que existem alguns pressupostos básicos sobre mulheres que, como todos os estereótipos, são difíceis de abandonar, tanto para mulheres quanto para homens. Em um nível inconsciente, mulheres podem ser vistas como objetos sexuais ou mães, bonitas ou inteligentes, fortes ou amáveis. Uma de minhas histórias favoritas é a de minha amiga linda, loira e extremamente inteligente Olesya Nazarova, fundadora e CEO da Appareal™. Quando era jovem, ela se inscreveu em uma competição de Física, porém, ao chegar, o organizador disse: "Você está no lugar errado, fracote". Ela se sentiu totalmente desanimada e começou a duvidar de si mesma, perguntando-se o que estava fazendo ali e se não deveria virar as costas e ir embora. Só que não – ela se recompôs, decidiu não deixar esse homem afetá-la, permaneceu na disputa e ganhou o prêmio. A brilhante consultora Susan Van Vleet acreditou que o motivo pelo qual eu não era tão valorizada pela gerência quanto meus colegas homens era que "eu me parecia mais com as esposas deles do que com as colegas, e eles não sabem o que fazer com isso". Isso condiz com a "teoria implícita" de Carol Tarvis e Elliot Aronson, que afirmam que, quando as pessoas têm um preconceito inconsciente, a confirmação desse preconceito faz efeito e elas param de enxergar evidências que não se encaixem na sua teoria, e dão muito mais valor a evidências que se adequam a ela.[16]

Todos temos preconceitos inconscientes em relação a certas coisas, 80% da mente trabalha de forma inconsciente.[17] Preconceitos não provêm de más intenções, e ninguém está imune a eles. Adoro o célebre exemplo das cinco principais orquestras dos EUA. Em 1970, elas eram compostas de apenas 5% de mulheres, então, começaram a fazer audições às cegas (a Orquestra Sinfônica de Boston foi a primeira) e progrediram para 35%.[18] Mas, no início, as audições não funcionaram para alterar o equilíbrio entre os gêneros – elas só se tornaram efetivas quando pediram aos candidatos que tirassem os sapatos antes de entrar no palco – porque o júri podia ouvir os saltos das mulheres.

A questão é que todos nós, involuntariamente, trazemos ao ambiente de trabalho nosso eu inconsciente e nossas crenças inconscientes sobre os outros. Vantagens sutis são continuamente dadas àqueles que batem com nossas expectativas de um modelo de líder marcante. Como me disse uma apresentadora experiente de TV sobre decisões pessoais que presenciou: "O preconceito não é intencional; ele apenas não consegue enxergar além do velho modelo de si mesmo".

E não são apenas os homens que têm preconceitos inconscientes contra mulheres: elas também podem, de maneira inconsciente, ser sexistas com outras mulheres. Um estudo feito por cientistas da Universidade de Yale analisou candidaturas enviadas a universidades para empregos na área da ciência. Os currículos eram idênticos, exceto que alguns tinham nomes de homens, e outros, de mulheres – recrutadores, tanto homens quanto mulheres, classificaram os candidatos do sexo masculino como "significativamente mais competentes e contratáveis" e também ofereceram a esses candidatos um salário inicial mais alto.[19]

A Gallup® revelou que os norte-americanos são mais propensos a dizer que prefeririam um chefe homem (33%) a uma chefe mulher (20%), e as mulheres tendem mais a dizer que prefeririam um chefe homem (mesmo que muitas vezes as mulheres sejam melhores em gerenciar pessoas que os homens).[20] Em um estudo sobre o universo do capital de risco envolvendo uma competição de vendas com base em áudios, a mesma narrativa foi lida em voz alta por um homem e uma mulher, e 60% do público ouvinte apoiou o empreendimento lançado pelo homem.[21]

Mais próximo de casa, uma grande amiga minha certa vez me confessou (com certo embaraço) que, se seu filho precisasse de uma cirurgia importante e arriscada, ela ficaria mais à vontade se um médico do sexo masculino a fizesse. Isso vindo de uma mulher extremamente inteligente e bem-sucedida! Portanto, se até ela pensa assim, isso é um bom sinal de que o preconceito de gênero contra mulheres está em todos os lugares. Gostei da perspectiva a esse respeito mostrada em *Oito mulheres e um segredo*, quando a personagem de Sandra Bullock, Debbie Ocean, explica por que não quer um "macho" na equipe que ela está reunindo para roubar uns diamantes: "Homens são notados, e mulheres, ignoradas – e, pela primeira vez, queremos ser ignoradas". É divertido no filme, mas nem tanto para mulheres na vida real e no trabalho. Alguns diriam que o maior problema que estamos combatendo não é, na verdade, sobre diversidade de gênero, e sim um problema de preconceito – que o problema é que o manejo inconsciente de nosso preconceito diante da diversidade faz com que não haja justiça com as mulheres.

Podemos dizer a nós mesmos que a maneira inconsciente como os homens veem as mulheres é apenas um estereótipo generalizado, sem importância ou relevância em relação ao modo como uma mulher específica é percebida ou tratada no trabalho. Porém, minha preocupação é que, por baixo de tudo isso, até mesmo homens que sabem como evitar dizer e fazer coisas inapropriadas e sexistas possuam, no fundo, uma opinião inconsciente mas ainda muito rasa sobre as mulheres (além de parceiras sexuais, esposas e mães) – e que, de alguma forma, isso acabe vindo à tona, desde não ouvindo as mulheres da maneira adequada até influenciando decisões sobre empregos e promoções. Laura Bates tem o mesmo medo que eu, e acredita que a pressuposição da inferioridade feminina muitas vezes se traduza em uma pressuposição similarmente eventual da inferioridade profissional das mulheres.[22]

Se não estamos cientes da forma como o inconsciente está afetando negativamente nossa visão de mundo – e especificamente das mulheres –, nossa visão terá muitos pontos cegos e, pior, será baseada em falsas percepções. Ou, conforme colocado pelo psicanalista Carl Jung: "Até você se tornar consciente, o inconsciente vai guiar sua vida".[23]

Diz-se que Marilyn Monroe teria afirmado: "Não me importo em viver em um mundo masculino, contanto que eu possa ser mulher nele".[24] Pode soar bonitinho, mas, uma vez que entendemos o poder invisível da cultura predominantemente masculina, somos obrigadas a dizer: "Bem, Marilyn, eu me importo!". Porque não é possível viver em um mundo masculino e nele existir plenamente como mulher, não podemos viver em uma cultura predominantemente masculina e sermos autênticas, e não podemos viver em um mundo de homens com todas essas ideias preconcebidas sobre nós – pelo menos não se quisermos ter uma carreira de sucesso e fazer jus a nosso potencial. Para estimular o cérebro e a capacidade das mulheres, temos de criar uma cultura em que tenhamos a sensação de pertencimento – não uma cultura predominantemente masculina, não um mundo masculino, mas um mundo compartilhado.

6

A parte científica

Você se lembra do meu aviso no início do livro a respeito da necessidade de fazer generalizações sobre homens *versus* mulheres para falar sobre essa questão? Bem, receio que as generalizações realmente comecem a fazer efeito agora, e alguns de vocês não gostarão disso. Mas tenha paciência comigo, por favor. Se não acredita que algumas dessas coisas sejam válidas para você e não se identifica com algumas dessas hipóteses e conclusões com fundamentos científicos, ninguém está forçando-o pessoalmente a aceitá-las – mas, por favor, saiba que elas *são* válidas para muita gente.

Então, chegou a hora da parte científica.

Vimos que um dos motivos pelos quais os homens são mais bem-sucedidos no trabalho é porque eles se encaixam, pertencem e, portanto, saem-se melhor – e é visível que eles se dão bem na cultura predominantemente masculina instituída. Mas isso é tudo? Muitos acreditam que não, e que não somente nossa biologia homem-mulher como também nossos ancestrais desempenharam função importante em nosso desenvolvimento e comportamento atual.

Não, não sou nenhuma cientista, mas há muitas pesquisas e muitas evidências para respaldar a ideia de que meninos e meninas não são feitos da mesma maneira desde o início, inclusive o estudo realizado com 100 bebês pelo neurocientista e professor da Universidade de Cambridge Simon Baron Cohen. Foram mostrados dois objetos a bebês de um dia de vida, e ficou nítido que os meninos responderam mais ao objeto mecânico, e as meninas, ao rosto humano.[1] Sei que o cenário de Louann Brizendine sobre as diferenças com base científica entre homens e mulheres em *The Female Brain* [O cérebro feminino, em tradução livre] é controverso e não tem respaldo universal, mas, pessoalmente, acho-o interessante e que vale a pena compartilhá-lo. Brizendine destaca muitas diferenças entre os cérebros masculino e feminino que afetam a maneira como reagimos e nos comportamos, inclusive no trabalho. Ela afirma que a amídala é a região cerebral do medo, e que exames de ressonância magnética funcional revelam que essa estrutura nas mulheres se ativa com mais facilidade em resposta a acontecimentos negativos. O estresse psicológico do conflito ressoa com mais intensidade no cérebro feminino, criando uma mudança repentina de serotonina e dopamina que causa um tipo de mini-convulsão cerebral. (Não é de surpreender que mulheres, no geral, prefiram evitar essa miniconvulsão se possível e, portanto, tendam a tentar evitar conflitos estressantes.) Além disso, o córtex cingulado anterior, conhecido como o "centro das preocupações", que pesa as opções e toma decisões, é maior nas mulheres.[2] O hipocampo, principal polo da formação das emoções e da observação, também é maior nas mulheres. Portanto, há um fundamento científico para as mulheres geralmente serem mais sensíveis ou ficarem mais facilmente ofendidas que os homens e serem mais propensas a sentir e, logo, demonstrar emoções fortes (já faz muito tempo que perdi a conta de quantas mulheres ouvi dizerem que foram descartadas por um homem por serem "emotivas demais"). Os homens, por sua vez, têm o dobro de receptores de serotonina que as mulheres. Isso significa que elas precisam do dobro de feedback e de estímulos externos para serem estimuladas, e seus níveis de felicidade e motivação são mais afetados se há escassez desse hormônio. O estrogênio, principal condutor hormonal feminino, estimula os laços, a conexão, a sensibilidade e a colaboração, e cria forte aversão ao conflito e à tomada de riscos. Por outro lado, a testosterona é o principal condutor hormonal masculino (os homens o têm 10 vezes mais que as mulheres) e afeta a veloci-dade, a força, o tamanho dos músculos, o instinto de competição e a agressividade, e estimula a hierarquia, a demonstração da tomada de riscos e o poder.[3]

Aqui, uma pequena pausa sobre a questão da "tomada de riscos", pois tenho certeza de que muitos de vocês levantarão as sobrancelhas. Correr riscos é bom, e as pessoas que se sentem à vontade com isso são bem legais, impressionantes e os melhores *performers*, certo? Tenho certeza de que muitas mulheres não gostarão de ser vistas como menos dispostas a correr riscos. E muitos homens pensarão com seus botões: "Sim, esse é o problema das mulheres – elas são bem sérias e confiáveis, mas não gostam de correr riscos, então não entregam resultados inovadores". Uma de minhas amigas geniais, por exemplo, foi informada no início da carreira pelo diretor que, embora ele a classificasse como "excelente", ela "nunca faria nada de extraordinário".

No entanto, por mais atraente que "correr riscos" possa parecer, vamos lembrar que "uma decisão tomada com base na testosterona nem sempre é a melhor".[4] Pode ser e parecer estimulante e viril no momento, mas lembre-se dos líderes homens que ativaram o modo agressivo e bélico e foram impulsivos ao gerenciar a crise da covid-19, ou das gestoras de fundos de investimento livres e bem-sucedidas de quem falamos no capítulo "Você tem fobia de feministas?". O corretor financeiro John Coates descobriu que os lucros dos corretores aumentavam a testosterona masculina, levando-os a correr mais riscos – no fim, em excesso.[5] Uma pesquisa feita em 3.600 empresas revelou que executivas mulheres se saem melhor que os homens em transações F&A (fusões e aquisições), indicando que elas sejam mais meticulosas ao tomar decisões sobre investimentos. Precisamos estar cientes dos perigos da testosterona e não cair na armadilha de admirar cegamente a tomada de riscos; precisamos estar sempre atentos à conduta de reagir positivamente a pessoas e comportamentos sem considerar os fatos e suas consequências.

> **"** Precisamos estar **cientes** dos perigos da **testosterona** e não cair na **armadilha** de admirar **cegamente** a tomada de riscos; precisamos estar sempre **atentos** à **conduta** de reagir **positivamente** a pessoas e **comportamentos** sem considerar os **fatos** e suas **consequências. "**

Sabemos ainda que a testosterona aumenta a confiança, o que, por sua vez, faz com que outras pessoas vejam o indivíduo de maneira mais positiva, como alguém digno de confiança. No próximo capítulo, falaremos sobre a grande importância de projetar confiança. Esse é um fator-chave do sucesso masculino, e, além disso, a relação testosterona/confiança é uma espiral positiva – uma linguagem corporal positiva e confiante aumenta os níveis de testosterona em 20% e reduz os de cortisol em 25%. Como a redução do cortisol minimiza o estresse e capacita a pessoa a pensar com mais clareza em situações difíceis e desafiadoras, quem tem testosterona alta e cortisol baixo passa a imagem de alguém que se dá bem sob pressão.[6]

Como afirma a autoproclamada "nerd da neurobiologia", a doutora Stephanie Estima, "nossa biologia não mudou muito em 10 mil anos".[7] E isso está prejudicando as mulheres em vários aspectos, já que elas tentam competir com sua biologia natural no ramo dos negócios e no mundo corporativo, em que os traços clássicos "masculinos" guiados pela testosterona são mais associados à liderança e ao sucesso. Também existe a perspectiva de que, além de nossa biologia, mulheres e homens evoluíram e se desenvolveram de maneiras diferentes com base nos papéis desempenhados em sociedades primitivas. Enquanto os homens saíam para caçar o que comer, as mulheres permaneciam no grupo cuidando das crianças: cada sexo teve de desenvolver habilidades distintas para ter êxito em sua função. Para as mulheres, era crucial ficar ao lado de outras mulheres e não aliená-las no grupo, assim, foram socializadas como pacificadoras e aprenderam a importância da colaboração, da comunicação harmoniosa e de não tentar ser, ou aparentar ser, melhor que as outras. Atualmente, percebemos na maneira como muitas mulheres se comunicam entre si como neutralizam um elogio que recebem, a fim de garantir que não sejam consideradas presunçosas ou a última bolacha do pacote. E, da mesma forma, vemos como mulheres reagem a outra mulher que se permite destacar e ser considerada "superior" a outras de certo modo – ela será hostilizada e, mais cedo ou mais tarde, excluída se não demonstrar rapidamente um pouco de humildade.

Tudo isso começa quando as mulheres ainda são meninas. Isso é muito bem exemplificado na maneira como crianças de 7 anos se comportaram quando foram colocadas em equipes e observadas – uma equipe de meninos, outra de meninas.[8] Cada equipe recebeu um capitão. O capitão dos meninos ficou muito à vontade com a responsabilidade da função e em dar ordens, e os outros meninos ficaram 100% contentes em aceitar que ele era o "chefe" e seguir suas orientações (mesmo que não houvesse dúvidas de que eles esperavam que, um dia, também se tornassem capitães). Enquanto isso, a dinâmica na equipe das meninas foi muito diferente; a capitã rapidamente determinou que elas eram um time e que fariam planos e tomariam decisões em conjunto, ouvindo e considerando o ponto de vista de todas. Aqui, percebemos como os meninos aceitam que outros meninos sejam "superiores" a eles e, quando chega o momento, aceitam a responsabilidade de serem eles próprios os capitães. No entanto, as meninas demonstram mais necessidade de "nivelamento" – não estou acima de você e vice-versa, somos iguais. Isso permanece com o passar do tempo – muitas vezes, é embaraçoso para as mulheres aceitarem o poder, tanto o próprio quanto o de outras. Elas podem se sentir menos à vontade que os homens em dar ordens ou se posicionar (ou serem posicionadas) acima de outras mulheres.

Vamos refletir sobre toda essa socialização no contexto corporativo. Temos as fêmeas, programadas desde o início dos tempos para se manterem "no mesmo nível" que outras fêmeas, não autorizadas a pensar que são "superiores" mesmo quando em posição de autoridade, sempre buscando um modo de garantir que todos se sintam "iguais". E então temos os machos, os caçadores, que adoram ser os "mandachuvas", mas ficam felizes em aceitar quem quer que esteja no poder e sua autoridade. Eles se sentem naturalmente mais à vontade em um ambiente de trabalho em que assumir um cargo de responsabilidade é altamente valorizado e ficam perplexos ao verem mulheres se comunicando com técnicas tidas como "femininas" – como autodepreciação, para manter todas as pessoas no mesmo nível; garantir que todo mundo se sinta incluído; ficar se desculpando a todo momento; padrões de fala típicos femininos, como declarações evasivas em vez de "curtas e grossas", algo como "talvez devêssemos considerar isto...", a fim de não "intimidar", parecerem contundentes ou fechadas demais. Todas essas técnicas são facilmente reconhecidas por outras mulheres, mas frequentemente consideradas desconexas, inconclusivas e fracas pelos homens.

Há outra profunda dinâmica evolutiva em jogo entre homens e mulheres, e é quase certo que sempre haverá. É uma verdade inegável que homens, em média, são fisicamente mais fortes que mulheres.

(Sim, algumas mulheres são mais fortes que certos homens, mas os homens mais fortes do planeta sempre terão mais força que as mulheres mais fortes.) Todo homem sabe disso, toda mulher sabe disso, e a consequência é que, em um nível profundo e geralmente inconsciente, muitas mulheres têm medo de homens. Há uma citação brilhante de Margaret Atwood dos anos 1980 que diz o seguinte:

> Os homens temem que as mulheres riam deles. As mulheres temem que os homens as matem.[9]

E mesmo que pareça extremista dizer isso no contexto de trabalho, essa é uma dinâmica importante. Claro, não é que uma mulher acredite que o homem do outro lado da mesa em uma reunião vá matá-la ou agredi-la fisicamente, mas talvez ela carregue consigo anos de experiência, provavelmente desde a infância, da ameaça da dominância e da força física masculina sobre ela. Se tiver sorte, isso não foi usado contra ela, ou como forma de intimidá-la ou em um ato de violência real, mas gerou lembranças psicológicas que a influenciam, que estão presentes de forma silenciosa e invisível sempre que ela interage com um homem.

> Os **homens temem** que as **mulheres riam** deles. As **mulheres temem** que os **homens** as **matem**.

Talvez as mulheres não percebam isso na hora, mas essas experiências e memórias da dominância física masculina causam impacto na maneira como elas interagem e se comunicam com os homens. Isso é expresso de forma eloquente em *Anatomia de um escândalo*, de Sarah Vaughan:

> Mulheres têm medo de antagonizar os agressores. O objetivo delas é agradar. Somos programadas para apaziguar e abrandar, a ceder nossa vontade à dos homens.[10]

Lembro-me de uma prática que fiz alguns anos atrás no curso transformador Women Moving Forward®, de Susan Van Vleet. Ela nos pediu que recordássemos três ocasiões em que fomos desapontadas ou prejudicadas por homens e escrevêssemos uma carta a cada um deles. Passei muito tempo escrevendo as minhas e estava bem satisfeita com elas, mas, quando as li em voz alta para Susan e o grupo, ela não se impressionou. Olhou para mim e disse:

> Sua tarefa de casa para hoje à noite é reescrevê-las, mas dessa vez sem dar desculpas, compreender e justificar o que fizeram – quero que você descarregue sua raiva neles.

Então, naquela noite, voltei para casa e tentei de novo. Mas nem consigo explicar como foi difícil para mim – a sensação era de constipação, como se as palavras não saíssem fisicamente. No dia seguinte, quando contei isso a Susan, sua sábia resposta foi, simplesmente: "eu me pergunto quem foi que ensinou você a falar com os homens desse jeito". Ela não precisou dizer mais nada e não precisou saber nada sobre minha experiência com os homens na infância. Tudo o que ela precisava saber era que eu era mulher e que provavelmente isso significava que, em algum momento, possivelmente eu tenha sido ferida fisicamente por um homem ou vivenciado a ameaça disso, e que talvez isso tenha me ensinado a tomar cuidado com as palavras e a não ser "afrontosa" demais. Pensei profundamente a respeito, na época e muitas vezes desde então. Sou uma mulher conhecida por dizer aberta e diretamente o que penso, mas Susan me fez perceber que isso é válido apenas até a página dois. Houve momentos em minha carreira, reuniões e discussões com homens em que os pressionei demais – porém, no fim, parei e recuei, com cuidado para não ir muito longe e não deixá-los nervosos. Mesmo que na época eu não percebesse de forma consciente, em um nível subliminar isso era medo – medo da raiva masculina, medo do poder masculino, medo dos homens.

Esse exemplo é pessoal, mas sei que muitas outras mulheres se identificam com ele. Então, por que essa dinâmica é importante? Porque se nós, mulheres, recuarmos cada vez mais, ainda que ligeiramente, em pontos que devemos esclarecer em uma discussão ou conversa, se tivermos medo de transmitir uma mensagem importante que temos de passar na medida do possível, mesmo que para isso tenhamos de entrar em uma briga agressiva ou acalorada com um homem, não estamos agindo e contribuindo 100% conforme nossa habilidade – e, o mais importante, a maioria dos homens à nossa volta não têm esse mesmo medo e essa limitação. Também me pergunto se o buraco é mais embaixo – será que todos nós sentimos inconscientemente esse medo subjacente nas mulheres? Será que sentimos que um homem lutará até o fim porque não tem medo, mas uma mulher, mais cedo ou mais tarde, recuará? Isso é parte do motivo por que geralmente achamos os homens mais imponentes que as mulheres?

O que fica nítido é que, no mundo competitivo do trabalho, os homens levam vantagem sobre as mulheres que têm medo de pressioná-los – e, portanto, de novo os homens saem ganhando. Em *O poder*, de Naomi Alderman, ela apresenta uma alegoria de como o mundo seria se as mulheres tivessem força física e controlassem os homens.[11] Eles passam a ter medo e ficam à mercê dos caprichos femininos. Seria fascinante ver como essa reviravolta aconteceria no ambiente corporativo e impactaria a predisposição masculina em forçar a barra – sem dúvida, eles seriam percebidos como o gênero menos marcante e, consequentemente, seriam menos bem-sucedidos. Por mais que seja uma reflexão interessante, é claro que não seria útil, simplesmente, passar o poder das mãos de um gênero para o outro. É ao equilíbrio de gênero e de poderes e à igualdade que precisamos chegar. Enquanto lutamos por isso, não vamos subestimar o poder de nossa biologia e do inconsciente, de coisas que talvez tenhamos herdado de nossos ancestrais, possivelmente projetadas em nós e nossa mente desde o início dos tempos. Precisamos estar cientes e atentos, porque todos esses aspectos estão desempenhando um papel invisível e crucial em manter as mulheres em desvantagem no trabalho e os homens seguindo no topo.

> "
> Se nós, mulheres, recuarmos cada vez mais, ainda que ligeiramente, em pontos que devemos esclarecer em uma discussão ou conversa, se tivermos medo de transmitir uma mensagem importante que temos de passar [...], não estamos agindo e contribuindo 100% conforme nossa habilidade – e, o mais importante, a maioria dos homens à nossa volta não têm esse mesmo medo e essa limitação.

7

A equação confiança *versus* competência

Todos nós conhecemos alguém que pensa, fala e se parece com um líder. Pessoas que falam em alto e bom som em vez de ficarem caladas se parecem com líderes. Pessoas que são as primeiras a falar se parecem ainda mais com líderes. Pessoas que falam no final em vez de fazer colocações rápidas se parecem com líderes. E também pessoas calmas e relaxadas; pessoas que falam alto e com energia; que fazem afirmações ousadas, que não parecem hesitantes nem ficam pedindo desculpas. Pessoas que são assertivas em vez de darem a entender que têm falhas ou dúvidas, que fazem uso de linguagem corporal marcante e abrangente. Presume-se com mais frequência que pessoas altas sejam líderes. O problema é que encontramos esses atributos muito mais frequentemente em homens do que em mulheres, por motivos que nada têm a ver com suas capacidades reais de liderança.

Uma das palavras que muitas vezes ouvimos atribuídas a grandes líderes é "*gravitas*", que em latim significa "valor" ou "peso".[1] Portanto, seu significado literal é falar atribuindo peso às palavras. A esse respeito, pergunte a si mesmo se você já ouviu falar que uma mulher foi descrita como "uma pessoa de *gravitas*" ou se já se referiu a uma mulher usando essa descrição. Um estudo da Duke University revelou que vozes mais graves são mais influentes[2] – e adivinhe o que torna uma voz mais grave? Isso mesmo, a testosterona, o hormônio masculino. Muitas mulheres em funções superiores de liderança admitem que mudaram seu estilo de comunicação para que fossem ouvidas, e Margaret Thatcher é um exemplo bem conhecido. Ela recebeu um feedback de que sua voz era aguda demais e, assim como a voz de muitas mulheres, elevava-se no fim das frases, como se estivesse perguntando alguma coisa. (Essa é uma técnica ligada à "modéstia" que as mulheres aprendem desde a

infância, mas que aos homens soa como falta de confiança feminina.)
A fim de ser levada mais a sério como líder, ela aprendeu a falar como
os homens falam, eliminando termos condicionais e a "inflexão inter-
rogativa" no fim das frases.[3] Laura Liswood testemunhou o impacto
que Thatcher exerce sobre os homens em comparação com o impacto
de outras mulheres líderes:

> Quando homens assistem ao documentário sobre minhas entre-
> vistas com mulheres presidentes e primeiras-ministras, em geral
> eles se inclinam para a frente, sentam-se mais eretos e ouvem com
> mais atenção quando Thatcher está falando.[4]

Thatcher foi levada mais a sério como líder pelos homens e é uma
das exceções que se deram bem "fingindo" em vez de lançando mão de
seu autêntico eu feminino sem sofrer com isso (talvez porque, como
disse um homem ao ser questionado sobre por que a admirava como
líder, "ela era basicamente um homem").[5] A fundadora da Theranos,
Elizabeth Holmes, foi indiscutivelmente menos bem-sucedida que
Thatcher com essa estratégia, com muitos ex-funcionários fazendo
comentários desfavoráveis sobre sua voz falsamente grave.

Recentemente, estive discutindo essas questões com uma professora de
Matemática. Ela me contou que, mesmo nunca tendo atuado em empresas
ou na política, reconhece 100% tudo isso na própria área profissional. Ela
compartilhou como o desempenho oratório e a voz grave são importantes
em ganhar e manter a autoridade em sala de aula e que, consequentemente,
considera-se que professores do sexo masculino possuam mais autoridade
natural, mesmo que sejam significativamente mais jovens e mais inexperientes que professoras mulheres. Ela ficou feliz em admitir que aprendera
cedo na carreira de professora que precisaria "atuar" e "falar grosso" se
quisesse ter controle sobre os alunos. Logo, percebemos que os mesmos
problemas afetam as mulheres em todos os setores, independentemente
da área em que estejam trabalhando, desde que elas sejam solicitadas a
demonstrar liderança ou autoridade (e não é isso, no fim, que muitas vezes
percebemos como liderança – um quê de autoridade?).

Por trás de muitas coisas que parecem liderança e autoridade (falar alto, com ousadia e, muitas vezes, convicção) está a projeção de

segurança e autoconfiança. As pessoas ouvem e admiram pessoas mais seguras de si, não necessariamente as que sabem mais ou as que são mais capazes.[6] E, aparentemente, os homens são perdoados quando são muito autoconfiantes e têm pouco conteúdo, enquanto as mulheres, mesmo extremamente competentes e com bastante conteúdo, podem passar despercebidas.

A diferença abissal de confiança entre mulheres e homens tem sido bastante documentada, mas por que isso acontece? Importante: as mulheres não somente *parecem* menos confiantes que os homens, elas realmente *são* menos confiantes que eles. Até mesmo a diretora de operações do Facebook, Sheryl Sandberg, afirmou isso: "Ainda há dias em que acordo me sentindo uma farsa, duvidando se eu deveria estar onde estou".[7] Gerri Elliott, ex-funcionária da Juniper Networks, contou uma história sobre um palestrante que perguntou a um grupo de homens e mulheres se alguém tinha experiência com amamentação. Apenas um homem ergueu a mão (por ter observado a esposa amamentando), e nenhuma das mães se manifestou.[8]

Uma famosa pesquisa da Hewlett Packard (HP) revelou que mulheres só se candidatavam a uma promoção se acreditassem que cumpriam 100% dos critérios para a função,[9] enquanto os homens tinham confiança para se candidatar se cumpriam 60% ou mais dos critérios. Laszlo Bock, da Google, percebeu que as mulheres eram consistentemente menos propensas a se indicar para promoções.[10] O doutor Richard Fox, professor de Ciências Políticas da Loyola Marymount University, descobriu que os homens são 65% mais propensos a se considerar qualificados para concorrer a um cargo.[11] A professora Marilyn Davidson, da Manchester Business School, conduziu um estudo em que perguntou a alunos qual salário eles achavam que mereciam cinco anos depois da graduação – os homens disseram uma média de £ 52 mil, e as mulheres, £ 41 mil.[12] As autoras Linda Babcock e Sara Laschever descobriram que mulheres consideram um pagamento justo 4% a menos para um primeiro emprego em comparação com um salário masculino, e 23% a menos no auge da carreira.[13]

Evidências sobre os níveis mais altos da confiança masculina estão em todos os lugares, com muitos estudos revelando que os homens superestimam suas habilidades e desempenho, e, por sua vez, mulheres as subestimam. Um grupo de psicólogos conduziu pesquisas com base em questionários. Antes do questionário, pedia-se a cada participante que avaliasse suas habilidades científicas – os homens se atribuíram uma média de 7,6 em 10, já as mulheres, 6,5. Após o teste, pedia-se a eles que se avaliassem novamente, e dessa vez os homens tiveram uma média de 7,5 em 10, e a avaliação das mulheres despencou para uma média de 5,8. Na verdade, os resultados reais dos questionários das mulheres foram tão bons quanto os dos homens – outro exemplo claro do abismo entre competência e confiança. Esse abismo foi intensificado quando os participantes foram convidados a competir para ganhar prêmios – 71% dos homens se inscreveram, mas apenas 49% das mulheres o fizeram, apesar do fato de as mulheres terem a mesma capacidade.[14] Em outro experimento, os grupos tinham de escolher um líder para fazer uma tarefa de matemática após cinco minutos de discussão. Na conversa, percebeu-se que os homens superestimaram seu desempenho em 30% a mais e, consequentemente, foram escolhidos para liderar o grupo. Isso evidencia ainda mais o fato de que líderes são reconhecidos e escolhidos mais pela confiança que pela competência.

Uma das forças motrizes desse problema é que os homens são mais propensos a ter "alusões positivas" – eles tendem a ouvir coisas positivas sobre si primeiro, enquanto as mulheres ouvem o oposto, coisas negativas. Aliado a isso, o desempenho feminino melhora após um feedback positivo e piora após um feedback negativo.[15] Portanto, se gerentes conversam com mulheres e lhes dão feedback como se elas fossem homens, posteriormente isso vai minar sua confiança e fazer o oposto de ajudá-las a ter sucesso. Considerando como gerências masculinas pegam pesado, provavelmente esse será o caso.

Um dos sinais mais importantes da confiança é certo nível de convicção e ausência de dúvidas. Quando sentimos o cheiro da dúvida, sentimos falta de confiança da (e na) pessoa. Esse é um fator crucial ao avaliarmos homens *versus* mulheres como líderes ou como líderes em potencial, porque está provado que mulheres são mais avessas à incerteza, a suposições e à tomada de riscos.

O psicólogo e pesquisador Zachary Estes aplicou testes a 500 alunos com imagens em 3D.[16] A pontuação das mulheres foi significativamente pior, mas, felizmente, ele não era desses que estabeleciam isso como um abismo de competência entre homens e mulheres. Então, ele analisou por que isso aconteceu. O que ele descobriu foi que as mulheres não se arriscaram em várias perguntas porque não "sabiam" a resposta. Ele aplicou o teste novamente, mas dessa vez obrigou os participantes a responderem a todas as questões.

Então, por que a maioria das mulheres não gosta de responder a perguntas se não estiverem totalmente certas da resposta? O fenômeno é conhecido como atelofobia – o medo da imperfeição, de não ser bom o suficiente, ou a "maldição do perfeccionismo". Algumas mulheres só se sentem confiantes quando sabem que são perfeitas, e têm muito medo do fracasso. O famoso artigo "The Gifted Woman as Imposter" [Mulheres talentosas e a síndrome do impostor, em tradução livre] expressa bem essa afirmação: "mulheres simplesmente não se sentem no direito de cometer erros. No geral, elas [...] assumem a responsabilidade pelos erros".[17]

Acredito que esse desconforto com a incerteza e com suposições seja um diferencial totalmente crítico entre homens e mulheres. Naquela fração de segundos em que uma mulher se vê num mato sem cachorro e lhe fazem uma pergunta, por exemplo, em uma reunião importante com os chefes, se ela não estiver 100% certa da resposta precisa, isso pode ficar visível. Um leve tremor de olhos, um pequeno movimento facial, uma demora de pouquíssimos segundos para responder, talvez uma ressalva para se proteger de quaisquer imprecisões ("Acho que", "Não tenho certeza, mas"). Talvez essas coisas pequenas que ninguém observa conscientemente, mas inconscientemente, sim – e, no subconsciente, comparam essa mulher a um homem no recinto, que também não tem certeza da resposta exata (potencialmente, muito menos certeza do que a mulher), mas se sente mais à vontade com suposições. Ele sabe que sua resposta está na pista certa, que isso é bom o bastante, e ele a dá com confiança, voz firme e sem ressalvas. Talvez as outras pessoas na sala não percebam isso na hora (ou nunca), mas esses momentos ficam registrados em algum lugar. E, com o tempo, eles se acumulam, até que um dia, quando se pede que essas pessoas indiquem alguém para ser entrevistado ou promovido, elas apenas sentem que o homem é um pouco melhor que a mulher e, portanto, melhor candidato para o cargo. Mas o que de fato está acontecendo

A equação confiança *versus* competência **107**

aqui nada tem a ver com qual dos dois é o melhor. Na maioria das vezes, os chefes mal sabem a resposta certa à sua pergunta ou até que ponto a pessoa chegou perto dessa resposta na reunião. (E, por experiência própria, perdi a conta de quantas vezes descobri posteriormente como as mulheres foram precisas e os homens passaram longe.) Aqui, não se nota precisão ou competência. O que se nota é a segurança e a autoconfiança do homem em comparação com a ausência dessas características na mulher.

A confiança é algo que valorizamos imensamente nas pessoas; em um nível mais profundo, acreditamos que, se uma pessoa é ou aparenta ser confiante, podemos confiar nela – e vice-versa. Não conseguimos confiar em alguém que não pareça confiar em si mesmo. Portanto, sempre que uma mulher hesita porque não gosta de suposições e imprecisões, ela projeta falta de confiança e perde um pouco da confiança das pessoas ao seu redor.

> **Sempre que uma mulher** hesita porque não gosta de **suposições** e **imprecisões**, ela projeta **falta de confiança** e perde um pouco da confiança das pessoas ao seu redor. E sempre que um **homem** dá uma **resposta**, mesmo que seja **incorreta**, e a projeta de **forma confiante**, ele **ganha** a confiança alheia.

E sempre que um homem dá uma resposta, mesmo que seja incorreta, e a projeta de forma confiante, ele ganha a confiança alheia. E, um dia, ele consegue o cargo ou a promoção à custa daquela mulher, mesmo que talvez não seja o candidato mais competente.

Só para constar, alguns acreditam que essa falta de confiança e certeza possa ser um estímulo positivo para as mulheres na mesma proporção em que é um problema. A autora Farrah Storr afirma que, na verdade, se canalizado da maneira correta, isso dá às mulheres uma vantagem competitiva:

> [Esse] é o motivo pelo qual está comprovado que mulheres têm uma abordagem mais proativa ao aprendizado. É por isso que

corremos menos riscos e por isso que os retornos sobre investimentos de mulheres superam os dos homens. Um medidor de autocontrole que proporciona excelência. Isso quer dizer que preparamos, questionamos e mergulhamos mais a fundo nos problemas. É uma válvula de controle que nos alerta quando estamos em nossa zona de desconforto. É aí que o crescimento acelerado acontece [...] e é aí que avançamos de verdade.

Ela estimula as mulheres a:

Transformar o medo em entusiasmo. Diga a si mesma que está entusiasmada, não nervosa. Veja isso como um sinal de que está em uma situação desafiadora. Sua zona de desconforto está crescendo. É exatamente assim que deve ser.[18]

Se as mulheres conseguirem adotar essa forma de pensar, isso poderá ajudá-las a se sentirem mais confiantes e, portanto, a projetarem mais confiança. Só pode beneficiá-las, já que é uma reação natural associar confiança com competência e liderança – até que consigamos projetar confiança tão bem quanto os homens, isso é uma desvantagem para nós e uma vantagem para eles.

Então, por que tantas mulheres se sentem menos confiantes que os homens? De onde vem a síndrome do impostor? Uma teoria diz que tudo remonta à nossa fase escolar. Na escola, meninas geralmente são mais sensíveis a feedback negativo e críticas. Elas aprendem que ganham pontos quando fazem as coisas com organização, perfeição e silêncio. Quando fazem muito bem seu trabalho, elas ganham nota "A" e elogios. Elas gostam da sensação e aprendem a evitar correr riscos e cometer erros, o que pode levá-las a não conseguir notas excelentes.

Por sua vez, os meninos estão aprendendo uma lição diferente na escola. Em geral, eles colocam menos foco em fazer um trabalho perfeito e normalmente tendem a não ficar quietos e obedientes em sala de aula, portanto, como consequência, absorvem muito mais repreensão e punição dos professores que as meninas. Ao contrário da maioria das garotas, eles se acostumam a ouvir gritos com regularidade e, portanto, ficam meio entorpecidos com isso e aprendem a aceitar o fracasso e as imperfeições como parte da jornada. Estudos têm revelado que os meninos absorvem quase oito vezes mais críticas por sua conduta que as meninas.[19] Isso significa oito vezes mais experiência com imperfeições e oito vezes mais oportunidades para aprender que ser imperfeito não é um problema. Consequentemente, eles têm muito menos medo do fracasso e da imperfeição que as garotas – e esse sentimento inconsciente aprendido quando criança permanece com eles por toda a vida e se apresenta como confiança, ou a falta dela, no ambiente de trabalho.

Logo, o "legado escolar" não é necessariamente positivo para meninas quando elas se tornam mulheres e entram no mundo corporativo. Como afirma a autora Carol Dweck:

> Se a vida fosse uma escola estendida, indiscutivelmente as mulheres governariam o mundo. Elas saem da escola lotadas de fatos históricos, orgulhosas de sua habilidade de estudar e tirar notas boas. Elas dão de cara com um mundo corporativo que não as recompensa por soletrar perfeitamente.[20]

Nas palavras da financista e ativista Dame Helena Morrissey:

> Desenvolver uma carreira relevante não é como fazer uma prova. Não há data para o teste, nenhuma avaliação objetiva, nenhum certificado... Precisamos preparar mulheres jovens para isso.[21]

Enquanto as meninas estão treinando para vencer na escola, os meninos estão treinando para vencer na vida, porque não existe esse negócio de perfeição no mundo corporativo real. Não há nota "A" por acertar todas as respostas, porque com frequência não há respostas certas ou erradas. A mulher que hesita e espera ter certeza perderá para um homem que aprendeu, desde garotinho, que não há nada a perder por deixar as coisas jogadas por aí. Em um mundo onde a perfeição não existe, o perfeccionista vai se sentir e parecer ansioso e inseguro, enquanto quem nunca esperou atingir a perfeição vai parecer confiante e seguro de si – como um líder.

Há outra questão da qual é necessário estar ciente ao refletir sobre a confiança: pesquisas têm revelado de maneira consistente que a presença de homens diminui a confiança das mulheres e faz com que o desempenho delas caia. Um estudo conduziu um teste de matemática em grupos de três pessoas, com algumas equipes mistas e outras só de mulheres. Descobriram que as mulheres se saíram significativamente pior na presença de homens.[22]

Mais uma vez, esse fenômeno começa na infância. Existem vários estudos no mundo inteiro que mostram que meninas se saem melhor em escolas só para garotas do que em ambientes mistos. Um desses estudos descobriu que, quanto maior a porcentagem de meninas em uma sala de aula mista, melhor o desempenho acadêmico, e outro estudo revelou que passar de escolas só para garotas para uma mista leva a uma queda nos resultados acadêmicos (de fato, para todos os alunos, tanto homens quanto mulheres).[23] Um estudo nacional da UCLA percebeu que meninas de escolas só para garotas levam vantagem sobre colegas de escolas mistas.[24] Um estudo de 2017 de dados do terceiro, quinto e sétimo anos de Aritmética e Alfabetização feito pela doutora Katharine Dix, da Australian Council for Educational Research, revelou que, mesmo quando se levava em conta a situação socioeconômica, meninas do sétimo ano de escolas só para garotas ficaram 4,2 pontos à frente de alunos de escolas mistas em leitura e 2,8 pontos à frente em matemática.[25]

Em 2015, Gerald Eisenkopf conduziu um experimento em colégios na Suíça que identificou um efeito claramente positivo no domínio matemático de meninas distribuídas aleatoriamente em escolas só para garotas – elas também avaliaram as próprias habilidades matemáticas de maneira mais positiva.[26] Uma análise dos resultados do GCSE[27] de 2015 no Reino Unido revelou que 75% das meninas que frequentam escolas públicas para garotas atingiram cinco bons GCSEs, enquanto somente 55% das que frequentam escolas mistas obtiveram os mesmos (a análise se ajustou ao cenário socioeconômico e recrutamento seletivo).[28] Em

> **Em um mundo onde a perfeição não existe, o perfeccionista vai se sentir e parecer ansioso e inseguro, enquanto quem nunca esperou atingir a perfeição vai parecer confiante e seguro de si – como um líder.**

um estudo de 2012 feito por Hyunjoon Park, Jere Behrman e Jaesung Choi, com alunas sul-coreanas, meninas que frequentavam escolas só para garotas apresentaram pontuações médias significativamente mais altas que suas colegas de escolas mistas.[29] Também em 2012, a tese de doutorado de Dana Diaconu revelou pontuações estatística e significativamente mais altas em ciências para garotas de escolas só para meninas em Hong Kong e na Nova Zelândia.[30]

A professora Alison Booth, da Australian National University, descobriu que mesmo apenas uma hora por semana de educação voltada apenas para meninas beneficia as garotas, e, em seu estudo de 2013, ela revelou que estudantes do sexo feminino da Universidade de Essex aleatoriamente distribuídas em salas de aulas exclusivamente para mulheres no primeiro ano tiveram 7% mais chances de passar no curso introdutório e pontuaram 8% a mais nas provas finais.[31] O aprendizado que fica é que, em salas mistas, muitas vezes os meninos rebaixam as meninas quando elas estão tentando expressar uma opinião. Em um ambiente exclusivamente feminino, elas se sentem menos tímidas e mais confiantes, o que significa que tendem a pedir mais ajuda e sentem menos receio de experimentar as coisas, portanto, correrão mais riscos. Talvez não surpreenda que, quando analisamos as escolas de melhor desempenho na Inglaterra, mais de 70% sejam instituições só para garotas.[32] Isso nos dá um indicativo claro do que meninas e mulheres são capazes de fazer quando livres do efeito negativo da presença masculina sobre sua autoconfiança e seu desempenho.

Portanto, com isso em mente, vamos considerar uma reunião fictícia no ambiente de trabalho. Há homens e mulheres na reunião, mas, como muitas vezes é o caso, há uma quantidade significativamente maior de homens. Uma questão empresarial importante está sendo discutida, pontos de vista estão sendo compartilhados, perguntas difíceis estão sendo feitas. Com base em todas as pesquisas anteriores, o que testemunharemos será um efeito duplo de confiança – em geral, os homens se sentirão mais confiantes para expressar seus pontos de vista e lidar com as perguntas; as mulheres, porém, sentirão menos confiança em si mesmas, não apenas por causa da presença dos homens, mas também porque a quantidade deles é maior.

Quando pensamos em nossos anos de formação, também restam poucas dúvidas de que a participação nos esportes desempenhe uma função importante no desenvolvimento infantil. Há uma grande quantidade de evidências que conectam a participação feminina nos esportes ao sucesso pessoal e na carreira. Está comprovado que meninas e mulheres que praticam esportes têm mais autoconfiança e são mais propensas a frequentar e a se formar em universidades, encontrar um trabalho e ser empregadas em setores predominantemente masculinos.[33]

Em uma pesquisa com 821 altos executivos, 90% das mulheres praticavam esportes – e, entre as mulheres que detinham um cargo superior, esse número subia para 96%, e o salário médio das mulheres que praticavam esportes era 7% mais alto que o das que não praticavam.[34] No entanto, os dados revelam que meninas são seis vezes mais propensas a largar os esportes que os meninos, e, aos 15 anos, somente 15% das garotas praticam esportes, em comparação com 30% dos meninos.[35] Isso é extremamente importante, porque o esporte ensina e consolida habilidades-chave – liderança e trabalho em equipe, é claro, mas também a confiança e a resiliência que vêm da derrota e da persistência. Praticar esportes também pode ajudar a desenvolver a atitude geralmente saudável dos homens em relação à competição (que o sucesso de seu concorrente *não* é uma crítica a você) que provém da autoconfiança, *versus* a atitude feminina menos saudável (que o sucesso de seu concorrente é seu fracasso). O esporte nos ensina a vencer, mas também a perder e a persistir; com o esporte, descobrimos que perder é normal, algo a se aprender e do qual se recuperar. O esporte é uma miniversão da vida, e sua prática, com todos os altos e baixos, é um treino para a vida e para o trabalho. E, no mundo de hoje, os meninos estão obtendo significativamente mais desse treinamento do que as meninas.

Há muitos motivos pelos quais as meninas abandonam o esporte. Ironicamente, a falta de confiança e o medo de falhar são uns dos mais comuns, revelando a falta da mesma confiança e habilidade para lidar com a derrota que os esportes lhes ensinariam! Talvez não surpreenda que meninas e mulheres geralmente não gostem de praticar esportes com meninos e homens. Em uma pesquisa recente na Suíça, 35% das mulheres dizem que preferem esportes exclusivamente femininos.

Isso provavelmente está ligado ao fato de que 30% das mulheres que responderam à pesquisa afirmaram ter presenciado comentários ou atitudes sexistas no esporte, e 26% delas foram vítimas disso.[36] Mas suspeito que também haja outros motivos, incluindo, potencialmente, um desejo de escapar quando possível de uma cultura ou atividade predominantemente masculina.

Também não é somente participando de esportes que os meninos levam vantagem em seu desenvolvimento – desde a mais tenra idade, os garotos aprendem com a maneira como jogam. Eles se provocam e brigam entre si muito mais que as meninas, portanto, são menos impactados por insultos e ataques (e, lembrando do capítulo sobre a ciência, em termos hormonais eles são menos propensos à sensibilidade). Essa habilidade de permanecer forte diante do ataque é outra arma secreta masculina no ambiente de trabalho. Quem não confiaria mais no homem resoluto do que na mulher mais "sensível e emotiva" que, quando é atacada ou desafiada, não consegue disfarçar os lábios trêmulos e olhos úmidos?

Prestei muita atenção a uma versão ainda mais extrema disso alguns anos atrás. Eu estava em um treinamento sobre Diversidade de Gênero da MARC em que homens e mulheres aprenderam várias coisas que não sabiam uns sobre os outros. (Uma percepção reveladora para os homens foi a de que todas as mulheres do grupo deixam a chave de casa à mão antes de entrar no imóvel, para que possam abrir a porta depressa e reduzir o tempo de um potencial agressor abordá-las antes que estejam lá dentro, seguras.) Porém, talvez o maior insight sobre os homens extraído desse treinamento foi que cada um deles esteve em algum tipo de disputa física em alguma fase da vida, contra um número muito reduzido de mulheres. Naturalmente, essa é uma experiência terrível para meninos e homens. Mas o que eles nos contam é que isso lhes ensinou a realidade dos golpes e, portanto, não ficam paralisados de medo. Com as mulheres é o contrário, pois, felizmente, são menos propensas a vivenciar esse tipo de violência física e, portanto, têm medo de sua ameaça. Assim, se refletimos a respeito sob uma ótica masculina, a crítica verbal ou uma pergunta atravessada no trabalho não devem, em comparação, parecer muito ameaçadoras, e o homem não vai desabar ou ter sua confiança abalada por causa disso.

O que é importante é que a confiança dos homens é genuína e honesta. Quando se julgam além das próprias habilidades, eles realmente acreditam nisso. Quando se candidatam a uma vaga de emprego para a qual não são totalmente qualificados, é porque eles de fato acreditam que podem dar conta. Eles não estão fingindo que confiam em si mesmos, e sabemos como isso é importante, porque vimos como é crucial as pessoas parecerem autênticas em transmitir confiança. Mesmo afirmando tudo isso sobre o fato de os homens geralmente terem mais confiança subjacente em si mesmos que as mulheres, não acredito que alguém (mulher ou homem) tenha autoconfiança integral o tempo todo. Como a sindicalista Doreen Bogdan-Martin me contou: "O grande segredo é que *ninguém* se sente sempre 100% preparado".

Recentemente, assisti a uma palestra como parte de um treinamento da Universidade de Cranfield concedida por Hattie Llewelyn-Davies, presidente da Housing and Homelessness e diretora do *Sunday Times* nos anos 2018-2019. Ela falou sobre sua frustração com uma mulher da equipe, que era muito competente, mas sempre se desculpava por uma "colocação burra" que fazia. Consequentemente, ela era vista como uma pessoa sem confiança e não marcante. Perguntei a Hattie como ela evitou cair nessa clássica armadilha feminina – ela disse que, evidentemente, às vezes se sente nervosa, com medo e subqualificada, mas percebeu há muito tempo que "é tudo encenação" e, em cada situação, pode escolher apresentar a melhor versão de si mesma.

Não tive certeza de como me sentia a respeito; não deveríamos querer um mundo em que possamos ser autênticos e bem-sucedidos, sem encenações? Mas depois perguntei aos homens ao meu redor o que eles pensavam – eles disseram que era evidente que se tratava de uma encenação! Eles compartilharam que, às vezes, também ficam nervosos e intimidados, mas, quando se sentem assim, respiram fundo e dão um show. (Na verdade, tive a sensação de que eles achavam as mulheres um pouco "ignorantes" por não perceberem que isso às vezes é necessário.) Foi um novo insight para mim o fato de que os homens nem sempre são tão confiantes quanto podem parecer nesses momentos. Essa percepção destaca, ainda, outra camada em tudo isso: não apenas a confiança subjacente é importante, mas também a capacidade de encenar a confiança (apresentada de forma autêntica), mesmo quando se tem algumas dúvidas inevitáveis. Então, por que isso é algo que geralmente os homens fazem melhor que as mulheres? Talvez porque eles entendam e aceitem logo cedo que:

> Quanto mais perto se chega ao ápice do sucesso, mais se percebe que todos estão improvisando.[37]

Eles se tornam mais treinados em encenações, com mais experiência e mais exemplos ao seu redor que também sabem como improvisar e performar o improviso.

Acredito que o principal é que os homens são e parecem mais confiantes que as mulheres não porque sabem mais (ou acham que sabem), mas porque se sentem mais à vontade em *não* saber. Eles estão habituados a não saber desde a primeira infância, eles sabem que não é possível saber tudo ("Quanto mais você sabe, mais você não sabe", como disse Aristóteles). Eles sabem que ninguém é perfeito, que ninguém tem todas as respostas; não esperam isso de si mesmos e também não acreditam que alguém espere isso deles. E, por estarem à vontade com essa percepção, eles são confiantes – e confiança rima com liderança. Portanto, vemos que "mulheres compreenderam mal uma lei importante da selva profissional"[38] e que há uma equação essencial de confiança *versus* competência em jogo: a confiança é tão ou mais importante que a competência, e o sucesso de uma pessoa está tão correlacionado à sua confiança quanto à competência. Como diz a coach de carreira e autora Dra. Lois P. Frankel: "A competência é apenas a aposta na mesa [o mínimo dos mínimos] – só a competência não o faz progredir."[39]

O problema de tudo isso é que todos nós admiramos, recompensamos e promovemos o líder confiante, mas confiante não significa melhor. Na verdade, o problema maior é que o líder confiante do sexo masculino pode não ser tão bom quanto suas concorrentes do sexo feminino, e isso pode, inclusive, significar que ele seja muito pior. Isso faz com que pessoas menos competentes consigam os empregos ou as promoções no lugar de mulheres competentes, o que resulta em um pior desempenho para a empresa – e acredito que ninguém queira isso. Isso explica por que o autor e empresário James Collins é muito cauteloso com os líderes "carismáticos",[40] e o psicólogo e autor Tomas

Chamorro-Premuzic vai ainda mais longe, acreditando que a confiança possa ser algo negativo:

> Características como confiança excessiva devem ser vistas como sinal vermelho. Elas nos impelem a dizer: "Ah, que sujeito carismático!". Provavelmente ele é bom de liderança. É essa insistência equivocada de que confiança é sinônimo de excelência o motivo pelo qual tantos homens desqualificados conseguem ótimos empregos. O resultado, tanto nas empresas quanto na política, é um excesso de homens incompetentes no poder, e esse excesso reduz oportunidades para pessoas competentes – mulheres e homens.[41]

Ele expõe um caso convincente de um estilo de confiança mais modesto e menos "na cara", como o de Angela Merkel, a quem descreve como "a líder mais entediante e mais competente" na política.[42] A investidora bancária norte-americana Fiona Grieg disse que, na sua experiência, a assertividade de um candidato não tinha nada a ver com seu desempenho – os candidatos mais assertivos, não necessariamente os melhores, estavam sendo promovidos.[43] Falamos anteriormente sobre como valorizamos a *gravitas*, o falar atribuindo peso às palavras, mas a pergunta é – queremos alguém com peso nas palavras ou nas ações? Homens subqualificados e ultraconfiantes estão ascendendo, e mulheres ultraqualificadas e pouco confiantes estão sendo puxadas para trás, o que gera ineficiência e desempenho mais baixo no ambiente de trabalho.[44] Em relação às mulheres, com muita frequência confundimos docilidade com incapacidade, e passamos um trabalho – que deveria ser delas, a julgar pela capacidade – a um homem mais confiante, mas menos competente.

As pessoas falam sobre a existência de um teto de vidro para as mulheres. Mas o teto não é de vidro, porque esse material pode ser visto, pode ser tocado. Estamos falando do teto invisível, o poder invisível da cultura – o preconceito e a confiança inconscientes. O teto que as mulheres atingem é pior que um de vidro, pois é invisível. Mas ele está lá, e as mulheres podem senti-lo. Pode levar algum tempo e experiência para algumas de nós, mas o sentimos – e a tarefa de quem o sentiu primeiro é torná-lo visível para que possamos começar a removê-lo dali.

8

Fazendo boas reuniões

Um dos lugares mais óbvios e mais importantes em que percebemos a confiança de uma pessoa (e, portanto, avaliamos sua competência e liderança) é a "reunião". E, minha nossa, é preciso dar o braço a torcer: alguns homens sabem como fazer boas reuniões! Se fosse possível fazer um placar de como homens e mulheres atuam e se apresentam em reuniões no mundo todo, seja no ambiente de trabalho, na escola local ou no comitê beneficente, os homens ganhariam praticamente todas as partidas e dificilmente perderiam pontos no processo.

Vamos encarar a realidade. Para muitas pessoas, o lugar onde elas são vistas em ação pelo chefe ou por gente que influencia suas carreiras é a sala de reuniões. A maioria não tende a vigiar o trabalho dos funcionários e observar até que ponto eles lidam bem com chamadas telefônicas ou escrita de e-mails. O local onde geralmente interagem com os funcionários é a reunião. Os homens estão cientes de que, para se sair bem no trabalho, é preciso se sair bem nas reuniões, e eles sabem como fazer isso.

Mas o que fazer para se sair bem numa reunião?

Primeiramente, é preciso falar – e falar logo de cara. Pesquisas revelam que a primeira ou a segunda pessoa que fala em uma reunião define e controla a pauta. E sabemos que falar em discussões é algo que os homens geralmente fazem com mais facilidade que as mulheres. Um estudo da Harvard com alunos primeiranistas de MBA revelou que mulheres são significativamente menos propensas a contribuir em salas de aula e palestras,[1] e mesmo no parlamento suíço, com 40% de mulheres, elas fazem menos discursos que os homens. Kate Fall, que foi subchefe de gabinete do primeiro-ministro David Cameron, afirma que achava "intimidante" falar em reuniões cheias de machos-alfa.

Evidentemente, não estamos dizendo que mulheres nunca falem ou que não falem bem. Trabalhei para uma mulher extremamente marcante e bem-sucedida, e o que a diferenciava não era a inteligência superior e o talento imenso (embora ela os tivesse, é claro), mas suas habilidades impressionantes de comunicação. Ela falava com extrema confiança, dava respostas convictas e dominava a conversa em reuniões de um jeito que as mulheres que conheci não dominam. Thatcher teria aprovado.

De fato, não se trata apenas de falar alguma coisa em reuniões e fazer uma colocação rápida e sucinta – às vezes, é preciso estar à vontade para falar por mais tempo. Eu costumava observar os homens em reuniões, dominando a conversa por 10 minutos ou mais e compartilhando quatro ou cinco pautas. E percebi que nunca tinha visto uma mulher fazer isso em uma reunião, a não ser que ela fosse a presidente ou a palestrante. Nas palavras da professora de Linguística Deborah Tannen:

> Muitas vezes as mulheres sentem que não querem ocupar mais espaço que o necessário, portanto, muitas vezes serão mais sucintas.[2]

A ironia é que ocupar esse espaço e tempo em reuniões muitas vezes é melhor que a brevidade e a clareza para fazer as pessoas serem notadas e ouvidas. Praticamente todas as mulheres do mundo dirão a você que passaram por uma ou mais experiências de fazer uma colocação excelente, clara e sucinta em uma reunião e sentiram que ninguém deu ouvidos, só para depois ouvirem um homem repeti-la de um jeito diferente (e geralmente muito mais prolixo) e ouvirem que a colocação foi excelente. As mulheres ficam frustradas com o fato de o homem ter "roubado" sua colocação ou ideia, quando, na realidade, é bem mais provável que ninguém nem sequer a tenha ouvido ou registrado quando ela a mencionou – por não ter sido capaz de formulá-la da maneira necessária para causar impacto naquele ambiente, enquanto o homem conseguiu (embora naturalmente tenha a vantagem de ser homem e ser levado mais a sério).

Outro problema é que, com toda essa conversa extensa acontecendo em reuniões, é um desafio conseguir uma brecha para falar. As mulheres querem fazer uma colocação, e sabemos que devemos; afinal, para que estar lá se vamos ficar de boca fechada? Como diz a autora Laura Liswood: "Se você não sabe se comunicar, você não sabe liderar".[3] A questão é que a maioria dos homens fica naturalmente mais à vontade desafiando e interrompendo, e a maioria das mulheres prefere esperar os outros terminarem suas colocações e não ser interrompidas quando chega sua vez de falar. Porém, infelizmente, por experiência própria, esse momento talvez nunca chegue.

Uma pesquisa de 2019 da McKinsey e da LeanIn.org com 329 empresas descobriu que metade das mulheres pesquisadas vivenciaram interrupções ou pessoas falando ao mesmo tempo que elas.[4] Lamentavelmente, homens também são mais propensos a interromper as mulheres, já que são homens e até enxergam isso como uma característica de poder. Ben Barres, um homem transgênero, passou a ser muito menos interrompido depois de transicionar (e exatamente a mesma apresentação foi considerada melhor!).[5] A sindicalista e empresária Doreen Bogdan-Martin me contou que acredita que esse hábito provenha da realidade de que muitos homens foram criados para não ouvir de verdade quando as mulheres estão falando. Então, o problema é que as mulheres, ou outros membros de grupos não dominantes, são impedidas de compartilhar novamente seus pontos de vista se forem interrompidas pela primeira vez, e, assim, os homens se mantêm antenados, dominam a reunião – e saem ganhando. E, para completar, não é o bastante falar logo de cara, por muito tempo e com frequência; se quisermos "fazer boas reuniões", também precisamos falar de um jeito marcante, em alto e bom som e com muita linguagem corporal. Sim, para nos darmos bem em reuniões, nós, mulheres, também precisamos de uma injeção de testosterona antes, ou então virar homem. A verdade é que é extremamente difícil para as mulheres fazer de forma autêntica certas coisas que são valorizadas em reuniões.

> **"** A questão é que a **maioria** dos **homens** fica naturalmente mais à **vontade desafiando** e **interrompendo**, e a **maioria** das mulheres prefere **esperar** os outros terminarem suas colocações e não ser **interrompidas** quando chega **sua vez de falar**. **"**

Tudo isso, é claro, provém da cultura predominantemente masculina em reuniões dominadas por homens; você verá coisas bem diferentes em um grupo equilibrado ou majoritariamente feminino. Recentemente, participei de um treinamento liderado por duas mulheres do qual 80% ou mais dos participantes eram mulheres. Foi fascinante vê-las nesse ambiente, falando com total confiança, dominando alegremente uma conversa longa para expressar pontos de vista, obtendo, por fim, a parte que lhes cabe em seu momento de fala. Vale ressaltar que todos (homens e mulheres) estavam participando integralmente e ouvindo uns aos outros, portanto, as ideias e opiniões de todo mundo foram ouvidas. Um espetáculo absoluto de reunião.

Entretanto, o que não tem sido espetacular para as mulheres são as reuniões virtuais. Essa mudança significativa, consequência da crise da covid-19, tem sido outra questão com a qual temos de lidar. Se interrupções e tentativas para achar uma brecha para falar já eram um desafio antes, elas se tornaram um problema ainda maior no mundo das videochamadas. Talvez não surpreenda que os homens também saibam como fazer boas reuniões virtuais.

Mesmo que às vezes demos boas risadas da maneira como os homens agem nas reuniões predominantemente masculinas e tenhamos alguns bons apelidos para esse comportamento ("Machonólogo", "Homexplica", "Palestrinha", "Síndrome da Resposta Definitiva Adquirida"), essa questão é extremamente importante. Quando os homens estão dominando e se saindo bem na reunião e as mulheres estão quietas, significa que colocações vitais não estão sendo feitas ou ouvidas como deveriam. Isso restringe e limita os contributos e o conteúdo da reunião, e afeta a qualidade das decisões tomadas e, consequentemente, as medidas acordadas. Essas decisões de baixa qualidade, por sua vez, enfraquecem o desempenho da empresa. Um exemplo clássico disso foi uma discussão política em uma mesa-redonda sobre aborto com uma mulher e três homens. Os homens estavam sempre interrompendo a mulher e dizendo-lhe que esperasse enquanto ela tentava uma brecha para falar. Sim, a única mulher em uma conversa sobre aborto nem sequer conseguia falar sobre o assunto. Pense em quantas discussões acontecem todos os dias pelo mundo em que importantes pontos de vista femininos não são expostos ou ouvidos.

E o assunto também vai além, porque "fazer boas reuniões", para nós, tem cara e sensação de liderança. Logo, a maneira como um homem ou uma mulher procede em reuniões é um enorme contributo à forma como ele ou ela é percebido(a), e se ele ou ela são considerados ou não o(a) candidato(a) certo(a) para um cargo ou uma promoção. Assim como em relação à confiança em geral, sair-se bem em reuniões não tem absolutamente nada a ver com o quanto a pessoa é competente ou capaz como líder. Mas decisões ruins sobre pessoas são tomadas com base nesses parâmetros, e, por fim, acabam sendo decisões ruins para a empresa. Como afirma Carolyn Tastad, presidente do grupo norte-americano da P&G, para que as empresas infundam a mudança, "precisamos expandir nossa definição de liderança".[6]

Então, rapazes, peço a vocês que pensem nisso da próxima vez que estiverem em uma reunião. Se você vir uma mulher digitando no laptop em vez de participando acaloradamente da discussão, é mais provável que, em vez de não ter nada com que contribuir, ela tenha tentado se fazer ouvir, não conseguiu, ficou entediada por ouvir todos os homens e seus discursos de palanque e decidiu que aproveitaria bem melhor o próprio tempo se terminasse aquele documento importante que ela precisa entregar antes de ir embora. Não presuma que ela não tem algo importante a dizer – pergunte-lhe o que ela pensa, talvez ela tenha um insight brilhante para você. Só porque uma pessoa está quieta não quer dizer que ela não seja genial.

Fazendo boas reuniões 123

9

A teoria do guarda-chuva

Todos nós ouvimos vários contos de fadas quando crianças. Porém, conforme o tempo passa, começamos a perceber que o Papai Noel não exatamente desce pela chaminé todos os anos e que, provavelmente, não seremos resgatadas de uma torre por um belo príncipe algum dia. Não obstante, uma das coisas em que muitos de nós continuam acreditando bem depois de adultos é no "mito da meritocracia". Precisamos encarar a realidade brutal de que a meritocracia – reconhecimento e promoções fundados apenas no desempenho e no merecimento – é apenas isso, um mito. Se a sociedade realmente fosse meritocrática, haveria representatividade igualitária de gênero em tudo, incluindo em cargos seniores e CEO, porque as mulheres são tão competentes, inteligentes e capazes quanto os homens. As pessoas que não compreendem que a meritocracia é um mito, e agem de acordo, estão em extrema desvantagem na carreira.

> Se a **sociedade** realmente fosse **meritocrática**, haveria representatividade **igualitária de gênero** em tudo, incluindo em **cargos seniores** e **CEO**, porque as **mulheres** são tão **competentes**, **inteligentes e capazes** quanto os homens.

O problema é que praticamente todas as mulheres que já gerenciei ou mentorei acreditavam no mito da meritocracia. Em geral, elas pensam que, se fazem um bom trabalho, isso é suficiente – e quando eu contava isso aos homens, ou eles riam alto ou pareciam completamente incrédulos e diziam: "Está de brincadeira, né?".

Receio que não. Já perdi as contas de quantas vezes, em 25 anos de gerência, ouvi uma mulher falando a mesma coisa:

> Se eu trabalhar duro e proporcionar resultados, o restante virá. Minha empresa tomará conta de mim e minha carreira tomará conta de si mesma.

As mulheres acreditam que, se fizerem um ótimo trabalho, ele será visto e reconhecido e recompensado automaticamente – que seu trabalho falará por si mesmo. Porém, como afirma Carla Harris, vice-presidente da Morgan Stanley: "não existe meritocracia absoluta quando há humanos envolvidos".[1]

Em geral, os homens são muito mais esclarecidos a esse respeito. Eles sabem que, na maioria das vezes, o mundo não está olhando para eles, portanto, se quiserem que alguém note seu trabalho e seu brilhantismo, eles precisam garantir que isso esteja visível às pessoas importantes. Os homens compreendem que o marketing pessoal e a "gestão da imagem" são muito necessários, e eles são criados para saber que quem não chora não mama. Suas contribuições em reuniões e palestras são parte disso, mas a estratégia de marketing de si mesmo vai muito além.

Outro problema aqui é que praticamente todas as mulheres que conheci abominam totalmente o conceito de marketing pessoal e ficam muito desconfortáveis em se promover. Elas também são muito mais relutantes que os homens em dar um passo à frente e afirmar suas ambições. Portanto, ou elas evitam fazer isso ou, quando se forçam, muitas vezes o resultado fica desengonçado e não autêntico (por não estarem agindo conforme a própria personalidade). Evidentemente, isso nunca vai impressionar a pessoa que elas estão mirando, que inconscientemente captará a ausência de autenticidade.

Os homens, por sua vez, sentem-se à vontade para se autopromover, então o trabalho deles é muito mais visível aos gerentes, e eles são muito mais propensos a serem reconhecidos e recompensados (com um salário maior, um cargo melhor, uma promoção). Isso é sobretudo frustrante para as mulheres quando elas sabem que o trabalho do homem não é melhor que o dela, ou mesmo tão bom quanto, e ainda assim ele consegue o cargo que ela sente merecer. E nos níveis mais altos é pior. Uma diretora-executiva da Fortune 500 sentiu que perdeu para um homem que "ficou sete anos sem cumprir as metas",[2] e Ellen Kullman, antiga diretora-executiva da DuPont, afirma:

> Acredito que tendamos a ser criados para pensar que a vida é justa, que você prospera e proporciona resultados, e o restante fará seu papel. Na verdade, isso funciona para a maior parte de sua carreira. Mas não funciona para os últimos níveis.[3]

Uma das coisas que digo a mulheres que treinei é que, sim, talvez em um mundo ideal nossos chefes passariam o expediente não fazendo de fato o próprio trabalho, mas apenas nos observando, participando de nossas reuniões, analisando nossas discussões e e-mails e ficando maravilhados com nosso brilhantismo. Mas isso não vai acontecer – nem deveria. Isso seria um coach pessoal, não um gerente que tem as próprias coisas com as quais contribuir. Conto a essas mulheres sobre a "teoria do guarda-chuva", que todas nós precisamos pensar que estamos trabalhando sob guarda-chuvas abertos e nossos chefes estão sentados acima de nós – tudo o que eles conseguem enxergar é o topo desses guarda-chuvas, não o que está acontecendo embaixo. Eles só conseguem ver o que está acontecendo embaixo se uma destas três coisas ocorre: primeiro, eles são avisados sobre um problema ou crise sob os guarda-chuvas, então descem para verificar o que está havendo; segundo, eles são gerentes esplêndidos, com tempo de sobra em mãos, porque não têm muito o que fazer, então ficam verificando regular e espontaneamente o que os subordinados estão fazendo (esses são muito raros, você tem sorte se tiver um); terceiro, você convida o chefe para dar uma olhada no que está trabalhando por baixo do guarda-chuva (marketing pessoal, em outras palavras). Acho que é bem óbvio qual desses cenários é mais chamativo e atraente.

Uma coisa para ter em mente é que garantir que seu trabalho seja visível torna-se cada vez mais necessário conforme você vai subindo de nível em uma organização. Sem dúvida, eu tive essa experiência. Quando estamos começando, somos de certa forma "aprendizes", e nosso chefe passa mais tempo conosco, observando-nos e nos dando orientações

– e nosso chefe também é relativamente inexperiente, portanto, pressiona menos que um gerente sênior e muitas vezes tem mais tempo para passar conosco. Logo, em níveis mais iniciantes, nosso trabalho, talento e habilidades são naturalmente mais visíveis aos chefes, sem que tenhamos de fazer esforços de marketing pessoal ou autopromoção. Portanto, nesse estágio, pode ser suficiente apenas fazer um ótimo trabalho; o reconhecimento e a recompensa vêm naturalmente, e até certo ponto a carreira toma conta de si mesma.

No entanto, à medida que vamos ficando mais experientes, as coisas não são mais assim. Nossa experiência aumenta e, com ela (com razão), aumenta também a porcentagem do tempo de trabalho despendido totalmente à parte e independente de nosso chefe. Ele (sim, vou arriscar meu pescoço e dizer que é "ele") não está presente para ver nosso bom manejo naquela reunião de vendas ou nossas intervenções estratégicas perspicazes – ele não tem praticamente nenhuma visibilidade do que (ou como) estamos fazendo, a menos que façamos um esforço consciente para lhe mostrar. Se não formos cautelosos, tudo o que ele verá são nossos resultados, e posso jurar a você que isso não é o bastante. Já vi muitos exemplos de pessoas com resultados medíocres ou fracos que foram promovidas em vez de outras com excelentes resultados, porque investiram e fizeram um trabalho muito melhor de comunicação com seu superior, garantindo que o contexto de seu trabalho fosse compreendido. Muitas vezes ouvi dizer que os resultados mais fracos de um homem pareciam mais fortes por conta da situação difícil que enfrentaram para gerá-los. E, como diz Laura Liswood:

> **Muitas vezes ouvi dizer que os resultados mais fracos de um homem pareciam mais fortes por conta da situação difícil que enfrentaram para gerá-los**. E, como diz Laura Liswood, **'a tendência arraigada é favorecer a pessoa que os manteve atualizados e se gabaram sutilmente do próprio trabalho'**.

[a] tendência arraigada é favorecer a pessoa que os manteve atualizados e se gabaram sutilmente do próprio trabalho.[4]

Lembro que, quando era diretora de marketing, eu percebia os diretores de marketing homens ao meu redor evocando constantemente as crises nos negócios e marcando reuniões urgentes com o gerente-geral do país para resolvê-las. Eu ficava olhando e pensando, francamente, em como tudo era meio patético, e que dificilmente eu chamaria aquilo de crise – eu enfrentava problemas similares o tempo todo e lidava com eles sozinha ou com minha equipe, sem precisar incomodar meu gerente-geral. Eu me orgulhava do fato de praticamente nunca ter tido de perturbá-lo ou pedir ajuda. Acreditava que o sucesso, para mim, era lidar com tudo e deixá-lo livre para gerenciar outras coisas. Então, foi meio chocante para mim quando chegou a hora da avaliação de fim de ano – meus resultados estavam excelentes, tendo crescido dois dígitos e ficado bem à frente de outras áreas da empresa, mas não cheguei nem perto do topo da pilha, porque meu chefe sentiu que "meu trabalho tinha sido bem mais fácil que o dos colegas". Por ele ter visto que eles tiveram várias crises para gerenciar a ponto de precisar ajudá-los, deu mais valor à sua contribuição. Foi aí que percebi que o que meus colegas homens vinham fazendo com essas reuniões "patéticas" sobre crises estava, na verdade, visibilizando seu trabalho e suas contribuições (e também, a propósito, fazendo meu chefe se sentir necessário e apto a contribuir, que naturalmente é a sensação que todos os seres humanos querem ter). Enquanto isso, eu o estava deixando de fora e escondendo minhas contribuições debaixo do guarda-chuva.

Portanto, aprendi grandes lições sobre a realidade do mundo corporativo – não é o bastante, ao menos não por muito tempo, apenas fazer seu trabalho em silêncio e adequadamente. Não acredito que um dia isso vá mudar 100%, já que nenhum gerente consegue ter sempre um panorama claro de quem está fazendo (ou não está fazendo...) o quê. No entanto, isso não é desculpa para as pessoas que se concentram apenas em gerenciar, e não fazem muitos trabalhos sob o guarda-chuva. E também não é uma desculpa para gerentes que são burros demais para notar que estão sendo enganados por essas pessoas. É preciso olhar regularmente embaixo dos guarda-chuvas para ver quem de fato está "fazendo a porcaria do trabalho" (como minha brilhante amiga Janet Allgaier costumava dizer) e quem está apenas se concentrando em fazer você pensar que está trabalhando. Não é à toa que a Gallup® descobriu que:

> A análise de desempenho anual tradicional é uma das atividades mais temidas no mundo corporativo. Funcionários reclamam que essas reuniões são injustas, enviesadas e superficiais.[5]

Olhe ao redor e verá muitíssimos homens falando muito e não trabalhando tanto, e muitas mulheres meneando a cabeça em frustração silenciosa e ajeitando as coisas. Minha amiga CMO admitiu que seu diretor-executivo anterior, nas palavras dela, "não faz p*** nenhuma, mas fala muito bem".

Passemos para o networking – outro universo que parece arrepiar a espinha de muitas mulheres. Ao longo de minha carreira, eu talvez tenha deparado com uma ou duas mulheres que se sentiam bem à vontade fazendo networking, mas discuti sobre o assunto com centenas que o odiavam por completo. Elas odeiam a obrigação de fazê-lo (por acreditarem no mito da meritocracia e que seu trabalho deva falar por si mesmo) e odeiam fazê-lo de fato, porque o acham extremamente desagradável e não sabem como iniciar ou gerenciar a conversa. Falar com um chefe ou um superior em um ambiente de trabalho sobre algo que não se relaciona diretamente com o trabalho deles, mas tão somente sobre elas mesmas e suas carreiras, parece muito artificial e um mau aproveitamento do próprio tempo. Uma mulher chegou a descrever o networking como "insolente", o equivalente trabalhista a ir até um homem num bar e pedir para sair com ele. Homens, talvez vocês não entendam esse desconforto e o achem ridículo – mas juro a vocês que isso é muito real para a maioria das mulheres com quem já trabalharam e com quem trabalharão. É preciso saber que o fato de uma mulher não falar sobre a própria carreira com vocês não quer dizer que ela não seja importante, e você não deveria deixar de considerá-la um talento marcante.

Recentemente, fiquei sabendo de um exemplo perfeito dessa situação por meio de um gerente sênior que conheço bem e cujas habilidades interpessoais admiro muito. Ele gerenciara uma única mulher por muitos anos e me contou que a achava excelente no trabalho, mas que, durante todo o tempo que trabalhou para ele, ela nunca compartilhou nenhum desejo de progredir ou mudar para outra função, mesmo quando solicitada. Ele me contou que chegara ao ponto de esse fato fazer com que ele a questionasse seriamente – não apenas sua falta de ambição na carreira, mas também suas habilidades em geral. Na cabeça dele, se uma pessoa não demonstra proatividade em relação à carreira, ela não pode ser proativa no trabalho. Esse foi um insight profundo para mim – os homens valorizam imensamente a ambição, valorizam pessoas que

> **Sua falta de autopromoção e networking não está apenas impedindo seu trabalho de ser visível; na verdade, está minando a percepção de seu trabalho – e a percepção dos outros em relação a você.**

querem subir e avançar. Para eles, ficar parado e feliz em fazer um bom trabalho no cargo que ocupam não é o bastante, e eles pensam mal de outras pessoas por conta disso – muito embora algumas mulheres achem essa atitude ridícula. Portanto, tome nota: quando você não discute sua carreira (e o que espera dela) com o chefe ou superior, eles não pensam apenas que você não é proativa em relação a ela, mas também que você não é proativa em nada. Sua falta de autopromoção e networking não está apenas impedindo seu trabalho de ser visível; na verdade, está minando a percepção de seu trabalho – e a percepção dos outros em relação a você.

Outra coisa que os homens sabem é que o acesso ao gerente é crucial, porque nós, seres humanos, somos natural e inconscientemente mais propensos a recorrer a pessoas que conhecemos e com quem nos sentimos à vontade. Ao contrário das mulheres, que muitas vezes pulam o almoço porque não têm tempo suficiente, os homens veem isso como o oposto da perda de tempo; eles sabem que o almoço é a reunião mais importante do dia, e que "a palavra 'golfe' é apenas um sinônimo da palavra 'acesso'".[6] Um diretor de operações notou que apenas os homens "iam dar uma voltinha" em sua sala – que ficava no fim de um corredor![7] A maioria dos homens sabe, pura e simplesmente, uma coisa que muitas mulheres não sabem, como resume Vivian Giang:

> Muitos grandes empreendedores, sobretudo mulheres, acreditam que seu trabalho falará por si só, mas não existe meritocracia absoluta quando humanos estão envolvidos.[8]

Mesmo mulheres extremamente bem-sucedidas sofrem com isso. Jan Fields, ex-presidente do McDonald's nos EUA, disse que subia mais rapidamente quando era avaliada por métricas simples, como lucros.[9] Enquanto mulheres se concentram em construir seu desempenho, os homens também estão construindo a "moeda do relacionamento", que é uma influência invisível crucial em adquirir patrocínio e apoio para um cargo importante ou uma promoção. Em *Strategize to Win*, Carla Harris, vice-presidente da Morgan Stanley, explica que atrair um patrocinador exige mais que fazer um bom trabalho:

> Pode não significar aceitação suficiente vencer o próximo nível de responsabilidade. Um bom trabalho o deixará em uma pré-seleção de nomes, mas só ele – a moeda do desempenho – não é o bastante para alguém falar a seu favor quando seu nome é citado na lista a portas fechadas. Para que isso aconteça, você precisa da moeda do relacionamento, ou seja, aquela para a qual as pessoas acham que não têm tempo porque estão ocupadas demais gerando a moeda do desempenho. O patrocinador usa o próprio capital arduamente conquistado para influenciar a opinião de outra pessoa a seu favor. Agora, o patrocinador sente que conhece você além do seu trabalho, o bastante para defendê-lo. Sua moeda do relacionamento lhe permite comprar acesso. Isso exige esforço e dedicação.[10]

Esse é um lembrete essencial para várias mulheres: independentemente de quanto tempo e esforço elas apliquem no trabalho, nunca serão recompensadas como acham que devem ser se não estiverem atentas a como os seres humanos tomam decisões importantes.

Entretanto, uma coisa que não podemos ignorar sobre networking e a construção da "moeda do relacionamento" é que a antipatia das mulheres por essas coisas não é o único motivo pelo qual elas não tendem a fazê-las – em geral, elas também têm menos tempo disponível no expediente para isso. Aqui estamos nós, em pleno século XXI, e as mulheres, mesmo que trabalhem em período integral, mesmo que ganhem tanto ou mais que o marido ou companheiro, elas também são quase sempre diretoras de operações do lar, e o fardo da maioria do trabalho doméstico fica a cargo delas – incluindo o cuidado com os filhos. Uma pesquisa da American Time Use Survey, do Bureau of Labor Statistics, revelou que 85% das mulheres, em comparação com 67% dos homens, passam tempo fazendo atividades domésticas em um dia comum, com mulheres gastando em média 2,6 horas *versus* homens gastando 2,1 horas; em relação à média semanal, mulheres passam 16,1 horas cuidando e ajudando membros da família, e os homens, 11,2 horas.[11] Uma extensa pesquisa mundial do Boston Consulting Group revelou que as mulheres assumem 88% da responsabilidade pelas compras de supermercado, 84% pela preparação das refeições, 84% pela roupa suja, 80% pela limpeza e 76% pela administração do lar.[12] Em média, mulheres gastam 16 horas por semana em afazeres domésticos, e 38% afirmam que seus maridos ou parceiros não fazem praticamente nada (o que varia de 74% no Japão, 40% no Reino Unido, 34% nos EUA, até 29% na Índia). Por sua vez, as alemãs e as francesas se encarregam de 93% das tarefas domésticas.[13]

Eu estava ingenuamente otimista no início do *lockdown* pela covid-19 – pensei que a crise poderia ser um estopim para a mudança. Será que, quando mais homens começassem a trabalhar de casa, eles ficariam mais cientes da quantidade de tarefas domésticas e cuidado com os filhos a que a parceira se dedica, e se ofereceriam para dividir o fardo? Infelizmente não foi o caso, como muitas pesquisas mostraram (inclusive a minha). A LeanIn.org descobriu que 77% das mães assumiram ainda mais tarefas domésticas que antes, e que, a propósito, 25% das mulheres que trabalham em período integral e têm parceiro e filhos estavam vivenciando quadros graves de ansiedade (em comparação com 11% dos homens).[14] Em uma sondagem do *New York Times*, 80% das mulheres disseram que eram total ou parcialmente responsáveis pelas tarefas de casa e pela educação em casa, e 70% por cuidar dos filhos.[15]

Uma amiga minha, CEO com parceiro e filhos, disse-me como eram os dias dela, começando com café da manhã às 7 horas, depois ajudando os filhos nas aulas na parte da manhã, preparação do almoço, ligações telefônicas de trabalho durante a tarde, preparação do jantar e hora de dormir, e então trabalho no laptop até a meia-noite. Ficou óbvio que eu estava sendo otimista demais, e, na prática, a maioria dos homens não estava assumindo as rédeas. Os homens são quatro vezes mais propensos que as mulheres a ter um(a) parceiro(a) que assuma as principais responsabilidades pela casa e pelos filhos. Uma consequência disso é que os homens conseguem trabalhar mais horas por semana que as mulheres. Um relatório da Gallup® de 2016 revelou que gerentes acreditavam que as pessoas que davam mais as caras no escritório tinham desempenho melhor[16] e que, nesse contexto, 47% dos homens disseram que trabalhavam mais de 40 horas por semana, enquanto 30% das mulheres disseram o mesmo. "As percepções do tempo que se passa no escritório também podem reduzir o salário das mulheres, bem como suas chances de crescimento na empresa e na carreira".[17]

> " Os **homens** são quatro vezes mais **propensos** que as **mulheres** a ter um(a) parceiro(a) que **assuma** as principais **responsabilidades** pela **casa** e pelos **filhos**. Uma consequência disso é que os **homens** conseguem **trabalhar** mais **horas** por **semana** que as **mulheres**. "

Mesmo antes da covid-19, mulheres estavam frequentemente esgotadas e no limite da força física, muitas vezes por conta da privação de sono; mães que trabalham são as que dormem menos, com 59% das mulheres que participaram de uma pesquisa nacional relatando privação de sono – o que levou Arianna Huffington a afirmar que "o sono é uma questão feminista".[18] Consequentemente, mulheres são mais propensas que os homens a sofrer de má saúde devido ao estresse relacionado ao trabalho excessivo.

Um estudo da Duke University descobriu níveis mais elevados de estresse e risco maior de doenças cardíacas em mulheres que em homens – às vezes, levando inclusive a transtornos de saúde mental.[19] No Reino Unido, as mulheres são 53% mais estressadas no trabalho que os homens – para eles, a taxa era de 1.270 casos por 100 mil funcionários; para as mulheres, era quase o dobro que isso, com 2.250 casos.[20] Fica fácil entender por que um cargo ou carreira pode se tornar simplesmente inviável para uma mulher a longo prazo, se a combinação de "trabalho remunerado" e "trabalho não remunerado" chegou a ponto de impactar sua saúde física e mental. Não é que as mulheres não estejam dispostas a se dedicar a fazer um trabalho de alto nível, mas elas têm limites. A Gallup® revelou que 79% das mulheres não desanimariam em trabalhar 50 horas por semana, mas 72% desanimariam em buscar um cargo de alto nível com uma carga semanal de 60 horas.[21] Isso porque provavelmente elas sabem que isso é inviável, porque têm muito mais coisas para fazer, e fazer bem! Um post altamente compartilhado no Instagram resume a questão:

> Esperamos que as mulheres trabalhem como se não tivessem filhos, e tenham filhos como se não tivessem que trabalhar.[22]

Como resultado de tudo isso, começamos a entender por que mulheres arranjam menos tempo para fazer networking que os homens. Mesmo se pudéssemos remover todas as influências invisíveis da cultura e da confiança, ainda não seria fisicamente possível, para as mulheres, ter tempo de fazer tudo. Para os homens, é mais fácil encaixar o networking num café ou almoço e saber que podem ficar até um pouco mais tarde à noite, se necessário, a fim de terminar tudo o que precisam antes de ir embora. Muitas mulheres terão um prazo apertado para sair (por ter de buscar os filhos na escola ou liberar a babá), e elas sentem que devem priorizar terminar o trabalho antes de iniciar um bate-papo de networking, o qual acreditam ter prioridade mais baixa e certamente não ser tão urgente.

Uma de minhas grandes frustrações ao falar sobre questões de diversidade de gênero é a rapidez com que as pessoas saltam de registrar que as mulheres estão assumindo a maioria das tarefas domésticas e responsabilidades com os filhos para a discussão de políticas trabalhistas flexíveis e auxílio-creche. Como se isso fosse eliminar, por um milagre, todos os problemas que as mulheres enfrentam conforme tentam progredir na carreira. Não me leve a mal, essa é uma seara em que muito mais coisas precisam ser feitas. Trinta e três por cento das mães que trabalham afirmam que seus patrões estão se saindo "muito mal" em permitir que elas trabalhem de casa quando necessário, e 20% das mulheres afirmam que seus patrões estão se saindo "razoavelmente bem", "mal" ou "muito mal" em disponibilizar a elas esquemas de trabalhos mais flexíveis.[23] E os homens que desejam assumir sua parcela do fardo também não estão conseguindo muito apoio. Em uma pesquisa com 2 mil britânicos com idade entre 24 e 40 anos, 63% solicitaram mudança nos esquemas de trabalho desde que se tornaram pais e 44% dos pedidos foram recusados.[24]

Os dois homens que conheço que tiraram licença-paternidade remunerada tiveram de enfrentar muitas gozações de colegas do sexo masculino, insinuando que eles ficariam em lanchonetes "bebendo café com leite" o dia todo. O chefe de um deles insinuava que seu trabalho era importante demais para ele fazer uma pausa, a ponto de ele chegar a considerar "disfarçar" sua licença-paternidade de ano sabático. Felizmente, ele teve coragem e não fez isso, e afirmou que a experiência foi "transformadora", "exaustiva" e que ela o fez respeitar sua esposa de um jeito que jamais esquecerá. (A propósito, não é interessante todos aceitarmos mulheres fazendo uma pausa em seus empregos importantes para tirar licença-maternidade? Os trabalhos masculinos são mais importantes, ou os homens estão executando seus trabalhos importantes de um jeito mais importante que as mulheres, e não se espera que eles tirem licença para cuidar dos filhos recém-nascidos?)

Isso também ficou nítido durante o *lockdown* da covid-19, em que alguns pais me disseram que queriam assumir sua parte na divisão das tarefas domésticas e dos cuidados com os filhos, mas não receberam apoio algum de seus superiores, que presumiam que eles tinham esposas e elas cuidariam disso enquanto eles continuavam a cumprir todos os prazos no trabalho. Consequentemente, a carreira dos homens foi priorizada, e as mulheres e sua carreira sofreram, com uma perda significativamente maior de empregos durante e depois da crise para mulheres do que para os homens.[25] Mas esse problema não foi causado pela covid-19, ele já estava por aqui há muito tempo – o que a pandemia nos ensinou é que a carreira das mulheres com famílias era como uma casa construída sobre fundações frágeis, em que mulheres assumem a maioria do trabalho não remunerado e tentam dar conta de tudo – elas já estavam no limite, e isso fez com que a casa caísse. No futuro, precisamos construir um sistema mais sólido para os pais (não só para as mães), a fim de garantir que o ônus seja viável, e o equilíbrio entre a vida professional e a familiar seja sustentável.

Portanto, sim, há muito trabalho a fazer para garantir que o fardo seja dividido sem pesar demais para as mulheres. E políticas empregatícias flexíveis evidentemente ajudam – mas estão longe de ser a única solução necessária para impulsionar a diversidade de gênero. A carga doméstica sobre as mulheres também é muito mais visível e acessível que outros problemas maiores, portanto, existe uma tendência da parte de algumas empresas de focar essa questão com algumas políticas e, então, ficar com aquela sensação de "missão cumprida" em termos de igualdade de gênero – sendo que há coisas muito mais complexas acontecendo que afetam o comprometimento da mulher com seu trabalho e com a empresa que precisam ser compreendidas e abordadas.

Não é simplesmente o impacto sobre seu tempo e, portanto, seu bem-estar que afeta as mulheres, seu trabalho e carreira, mas também os efeitos ocultos da frustração que surge da desigualdade de gênero para as mulheres no ambiente de trabalho. Sabemos que funcionários que se sentem discriminados são menos propensos a se comprometer com o trabalho e mais propensos a pedir demissão. Também vimos por que as mulheres podem não sentir que estão "conseguindo o que merecem" no mundo corporativo não meritocrático, no qual networking e marketing pessoal contribuem tanto (se não mais) com níveis salariais e oportunidades de promoção quanto fazer um bom trabalho. Acrescente-se a isso o trabalho doméstico extra e demandas familiares com que uma mulher está sempre lidando e temos uma verdadeira espiral descendente da perspectiva da diversidade de gênero. O relatório de 2017 sobre mulheres no mundo todo da Gallup® e da Organização Internacional do Trabalho afirmam que:

Filhos são os maiores concorrentes de uma empresa. Os maiores concorrentes de uma organização podem ter 1,20 m de altura, não ter alguns dentes, ter uma bola de futebol nas mãos, chorar de fraldas ou pedir o carro emprestado em uma sexta-feira à noite.[26]

Mas não é tão simples assim. De fato, é evidente que mulheres estão dispostas a fazer grandes sacrifícios pessoais, inclusive ficar um tempo longe de casa e da família, por trabalhos que amam. Na *Harvard Business Review*, Hewlett e Luce falam sobre os fatores "de atração e repulsão" e como eles interagem. Eles descrevem os fatores pessoais e familiares como "fatores de atração" – por terem o potencial de fazer as mulheres se sentirem "afastadas" do trabalho e da carreira. Depois, há os "fatores de repulsão", como se sentir subutilizada no trabalho, não conseguir um aumento digno de salário, ficar encarregada de mais responsabilidades mas sem a promoção ou o cargo para acompanhar. Eles salientam que não são somente os "fatores de atração" que fazem uma mulher desistir e deixar o trabalho, mas a força combinada dos "fatores de atração e repulsão". As mulheres se perguntam qual o sentido de sofrer pelos "fatores de atração" se não são valorizadas no trabalho.[27] Um relatório da Gallup® resume a questão:

> Por causa dessa atração e repulsão, o tempo que se passa no trabalho tem de valer a pena. E, quando a empresa não consegue criar uma cultura que faça sentido para as mulheres, é fácil para mães que trabalham escolher o caminho que compensa mais.[28]

Dados vêm mostrando que mais da metade das mulheres que obtêm um MBA pela Harvard acabam não trabalhando em período integral.[29] Empresas e organizações estão (e continuarão) perdendo mulheres talentosas, mulheres que são potencialmente mais talentosas que alguns dos homens que seguem ali – mulheres que poderiam contribuir com resultados melhores, se pudessem ficar.

Vale ressaltar que muitas vezes ninguém vê isso acontecendo, porque, como vimos, uma mulher tende a verbalizar menos e ser menos aberta sobre suas frustrações na carreira. Ela passa a impressão de ter tolerado o que um homem não tolera, quando, na verdade, por dentro e em silêncio, ela não está tolerando de jeito nenhum e, inclusive, talvez esteja levando para o lado pessoal. Então, um belo dia, sem avisar, ela vai embora e está pronta para desfrutar dos convidativos "fatores de atração". E também não podemos nos esquecer de que, na maior parte dos casos, é provável que a mulher terá um marido ou parceiro que tornará financeiramente possível que ela proceda assim, pelo menos por um tempo.

Talvez a principal consequência da crença feminina no "mito da meritocracia" seja a diferença salarial. Mulheres continuam fazendo seu trabalho acreditando que, se o fizerem bem, serão recompensadas e as coisas fluirão por si só, mas a realidade é que elas não serão. Vimos que os homens recebem 16% a mais que as mulheres na Europa, 23% a mais nos EUA,[30] e que essa é uma questão subjacente e profunda para mulheres em todas as partes do mundo. Um exemplo vem de Sandi Toksvig, da Women's Equality Party Conference de 2018, sobre o potencial econômico da igualdade de gênero. Na entrevista, perguntaram-lhe se ela acreditava estar recebendo um pagamento justo como apresentadora do programa de perguntas e respostas *QI*. Muito envergonhada, Sandi admitiu que descobrira que estavam lhe pagando 40% do salário de seu antecessor, Stephen Fry. Ora, pessoalmente, eu até poderia entender se o salário dela fosse um pouco mais baixo que o dele, não porque ela é mulher, mas porque ele trabalhou na função por muito tempo (nada contra a possibilidade de aumento salarial ao longo dos anos) e é uma personalidade mais conhecida na TV – mas 40%?! Naturalmente, um dos motivos da vergonha de Sandi foi que ela não queria ser vista como alguém que se queixava do gordo salário, quando ela se considerava sortuda por ganhar tanto e ter uma vida bem agradável e confortável. Sei que muitas mulheres se sentem assim – não é preciso pedir mais quando se tem tanto. Mas duvido muito que os homens sintam a mesma coisa, e a perspectiva deles é mais para "isso não tem a ver com ser suficiente, tem a ver com o que mereço".

Como é irônico que nem mesmo a mulher que fundou o Women's Equality Party esteja preparada ou seja capaz de exigir um salário igual para si mesma. Ela está longe de ser a única. Linda Babcock, professora de Economia da Carnegie Mellon University, descobriu que os homens dão início a negociações salariais com quatro vezes mais frequência que as mulheres – e, quando elas iniciam a discussão, pedem 30% menos que eles.[31] Curiosamente, comprovou-se que, na Austrália, as mulheres pedem aumento salarial com a mesma frequência que os homens, mas até mesmo lá eles são 25% mais propensos a receber um aumento.[32]

Independentemente da maneira como se enxergue isso, fica nítido que a meritocracia é um mito e que mulheres do mundo todo ficam presas por acreditarem nele. Assim, o combo "mulheres que acreditam na meritocracia + o fato de que muitos ambientes de trabalho não são meritocráticos" desempenha uma função importante em nosso desafio com a diversidade de gênero. A não ser que o assunto seja abordado, os homens continuarão a fazer networking e autopromoção, e as mulheres continuarão a se sentir desconfortáveis e evitarão fazer isso, portanto, elas continuarão a ser subvalorizadas em relação aos homens e, consequentemente, perderão empregos e salários, frustrando-se e, mais cedo ou mais tarde, pedindo demissão. Gerentes fariam muito bem se sempre tivessem em mente que as pessoas que eles conhecem melhor nem sempre são as melhores pessoas. O que é importante nessa questão não é que estamos perdendo mulheres de negócios *per se*, e sim a competência, a capacidade e a diversidade de opiniões dessas mulheres. Isso sem mencionar quanto tempo produtivo funcionários do sexo masculino perdem fazendo lobby para si mesmos. Recentemente, minha amiga Denise e eu demos boas risadas disso. Certo dia, seu chefe lhe disse: "Você trabalha como um homem!". É claro que ele quis elogiar, mas ela não resistiu e respondeu assim: "Oh, quer dizer que você pensa que passo o tempo todo tomando café, fazendo networking, falando sobre minha carreira e passando a impressão de trabalhar duro em vez de realmente atuar em meus projetos?". Demos gargalhadas. Mas, falando sério, se todos realmente trabalhássemos mais como mulheres que acreditam no mito da meritocracia e, então, déssemos mais ênfase em "mais trabalho, menos networking", veríamos significativamente mais produtividade e, no fim, melhores resultados. Talvez as mulheres precisem ter menos fé na meritocracia, e os homens, mais. A única certeza é que as mulheres precisam estar mais cientes da "teoria do guarda-chuva", todos precisamos estar mais cientes da necessidade de olhar embaixo dele.

> Podemos admirar e aprender com as mulheres do grupo das Super 7%, mas a realidade atual é que elas são tão poucas quanto uma espécie rara de animal.

10

Mulheres que vencem no mercado de trabalho

O que ficou cada vez mais claro para mim enquanto escrevia este livro foi que havia uma pergunta muito importante que eu não era capaz de responder: e as mulheres que *de fato* vencem no mercado de trabalho? Independentemente da maneira como percebemos isso e da área de trabalho considerada (negócios, esportes, política, saúde, educação, mídia), vemos não mais que 7% de cargos máximos de liderança ocupados por mulheres, mas 7% não é zero.[1] Sete por cento significa que existem *algumas* por aí que conseguiram chegar ao topo. Portanto, quis conversar com as "Super 7%" e tentar descobrir o que as diferencia do restante de nós. Provavelmente elas enfrentaram os mesmos obstáculos que todas as mulheres enfrentam ao longo da vida e da carreira, então, o que as fez avançar quando a maioria das mulheres, vamos admitir, por fim são vencidas e desistem? Tive a sorte de entrevistar várias mulheres incríveis – CEOs e presidentes de grandes empresas, diretoras, diretoras-executivas, mulheres muito experientes do universo da TV, dos esportes e da política. Evidentemente, todas elas são indivíduos únicos, e não há um só modelo para o sucesso, mas foi fascinante ver o surgimento de algumas coisas claramente comuns – inclusive algumas que, no começo, eu não esperava descobrir.

A primeira coisa que descobri é que não é porque uma mulher chegou ao topo que ela é considerada marcante. Há duas categorias de mulheres que vencem no mercado de trabalho – aquelas de quem as pessoas não gostam (frequentemente, detestam) e aquelas por quem todo mundo (inclusive os homens) fica impressionado e considera as maiores líderes (independentemente do gênero) com quem ou para quem já trabalharam. Chamaremos a primeira categoria de "Masculinas", e a segunda de "Mulheres Autênticas".

Primeiro, vamos falar sobre as Masculinas. Para ser honesta, isso é o que eu provavelmente esperava no início – que as poucas mulheres que estão se saindo bem no trabalho conseguiram isso por se esquecerem de que são mulheres e se comportarem como homens. Isso seria compatível com a opinião de Helena Morrissey:

> Essas mulheres que chegaram ao topo são as exceções, que na maioria das vezes jogaram as regras do jogo já existente. São "uma geração de transição" que ainda precisa se encaixar no *status quo*.[2]

Mas, na realidade, não foi nada disso que eu vi, e, de fato, de todas as mulheres com quem conversei, eu só colocaria uma CEO (que não quis ter o nome revelado) nessa categoria, com base em sua negação bem agressiva sobre a questão do gênero nunca ter sido problema para ela ou na sua empresa. Ela me contou: "Tive sorte de trabalhar para empresas em que o gênero não é problema [...] não acordo de manhã pensando no fato de que sou mulher".

Geralmente, as Masculinas são as antipatizadas por muitos homens e mulheres que entrevistei; um homem, quando perguntei a ele sobre líderes mulheres, disse-me "odiar as que agem como homens e são agressivas demais" e que não atura as que "adotaram um estilo masculino de gestão". E o bem-articulado Zaid Al-Qassab, diretor de marketing da Channel 4, contou-me como não consegue tolerar "mulheres que chegam ao topo imitando comportamentos masculinos – não há nada atraente no estilo de liderança de machos-alfa em homens, que dirá em mulheres". Outro homem me disse como dava na cara que essas líderes mulheres eram "abelhas-rainhas" e tinham uma relação frágil com outras mulheres com quem trabalhavam e que trabalhavam para elas, além de uma atitude inegável do tipo "Cheguei aqui assim, azar o seu se você não consegue ou não está preparada para fazer o mesmo".

O que certamente está claro é que mulheres que chegaram lá "agindo como homens" podem conseguir atingir o sucesso a curto prazo por si próprias, mas não são as líderes do sexo feminino admiradas pelos outros. Elas não estão fazendo nenhum favor a outras mulheres que poderiam ter interesse em seguir seus passos (e, vamos admitir, provavelmente as

Masculinas são as que menos se importariam com isso). No entanto, se é para impulsionar a igualdade de gênero, sem dúvida precisamos que mulheres que chegam ao topo façam um trabalho excelente lá, a fim de que sejam admiradas e as pessoas digam que teriam prazer em indicar mais mulheres no futuro, em vez de "não vamos cometer esse erro de novo". Precisamos fazer esses números aumentarem, mas mulheres assim farão com que eles diminuam.

Entretanto, a boa notícia é que a maioria das mulheres do grupo das Super 7% com quem conversei pessoalmente nem passam perto disso – elas são "Mulheres Autênticas". Não tentam ser homens e são amadas por todos exatamente por causa disso. Essas mulheres falaram sobre a importância de sempre ser "sua versão autêntica", "permanecer autêntica", "deixar o QE [quociente emocional] feminino catapultar a mulher autêntica que há em você".[3] A senhora Cilla Snowball, ex-presidente e CEO da Abbott Mead Vickers, contou-me: "Nunca senti que precisava fingir ser alguém que eu não era". Sylvie Moreau, presidente da Coty Professional, compartilhou como foi importante ser autêntica ao vivenciar a aquisição da Coty da P&G:

> Durante a breve apresentação da Coty, fui autêntica e eles me escolheram, e isso me deu confiança para ser eu mesma no novo cargo e na empresa.

Doreen Bogdan-Martin, diretora do escritório de telecomunicações da União Internacional de Telecomunicações (UIT) e primeira mulher em 153 anos de história da UIT a ocupar um cargo eletivo, também falou sobre conseguir ser ela mesma:

> Tenho meu próprio estilo e nunca soube de fato como lidar de outra forma com meu trabalho, a não ser sendo eu mesma. O mesmo vale para uma respeitada apresentadora de TV, que prefere evitar chamar atenção desnecessária e se manter anônima: "Fui sortuda o suficiente para sempre ser eu mesma dentro da BBC".

Curiosamente, essas mulheres quebram o mito de que os homens são ameaçados por elas e nunca gostam de mulheres em posições superiores – não apenas os homens gostam delas, como também elas são imensamente admiradas e, muitas vezes, adoradas. O diretor de RH Dennis Shuler idolatrava a empresária "autêntica" Susan Arnold na P&G, e depois na Disney. Zaid Al-Qassab, da Channel 4, adora a presidente e diretora-executiva do grupo da AMV BBDO, a senhora Cilla Snowball, por seu estilo incomum, não daquele tipo que dá murrinhos na mesa, mas de uma autoridade sem alarde que é bem impressionante.

Sal Pajwani, CEO da ?What If!, também é um grande fã de Cilla Snowball: "Ela mostra abertamente sua vulnerabilidade, e isso a torna mais poderosa". Praticamente todos os homens com quem conversei que trabalham para a P&G identificaram Fama Francisco, humilde e de fala mansa, como a líder mulher mais impressionante da companhia. Ela é a primeira presidente asiática nos mais de 180 anos de história da P&G e de forma alguma chegou lá conforme modelos masculinos da empresa. Um diretor de marketing me descreveu sua diretora de operações como uma líder que

> é a pessoa mais próxima da perfeição. Muito humana, que demonstra vulnerabilidade. Ela tem uma quantidade imensa de seguidores em níveis tanto superiores quanto inferiores na organização. Há inúmeras pessoas na companhia que afirmam ser profissionalmente apaixonadas por ela.

Todos os homens com quem conversei reconhecem claramente o que torna essas mulheres tão especiais e marcantes: "As autênticas são as que impressionam, que se valem dos pontos fortes femininos e não tentam ser algo que não são" e "As boas agem como mulheres". Aqui, a dúvida é se os homens estão respondendo de forma positiva somente à "autenticidade" dessas mulheres ou a seus comportamentos "femininos". É possível que as Masculinas também estejam sendo autênticas e que seu comportamento seja naturalmente mais masculino. Porém, por isso não ser o estereótipo esperado, reagimos de forma

> **As Super 7%** são **respeitadas** por **homens** e **mulheres** por sua autenticidade, e um **segredo** importante para a **autenticidade** e para se dar bem no **trabalho** é conhecer seus **pontos fortes**.

negativa a tal comportamento. E, se reajo assim, estou cometendo um desserviço a essas mulheres, mas, sem dúvida, a autenticidade, por definição, é autêntica e positiva, portanto, se o comportamento delas é autêntico, provavelmente será vivenciado como tal, ainda que seja inesperado em uma mulher.

Logo, as Super 7% são respeitadas por homens e mulheres por sua autenticidade, e um segredo importante para a autenticidade e para se dar bem no trabalho é conhecer seus pontos fortes. As pessoas prosperam quando sabem e aproveitam aquilo em que são boas, mas isso exige um profundo autoconhecimento. Isso é algo que todas as Super 7% têm em comum. Como diz Hanneke Faber, presidente mundial da Unilever: "Sei no que sou boa; do resto, fico longe". Todas as outras mulheres extremamente bem-sucedidas com quem conversei também tinham uma consciência muito clara e precoce dos próprios pontos fortes e do tipo de ambiente em que triunfariam: o emprego, os chefes, as pessoas, o lugar, a cultura. A senhora Cilla Snowball me contou: "Trabalhei no lugar certo e escolhi as pessoas certas com quem trabalhar", e disse que sabia que se sentia em casa em uma agência cultural onde as pessoas focassem o trabalho, não a política. A situação de Tamara Ingram, OBE e CEO da J. Walter Thompson, era parecida: "Na Saatchi, eu me sentia muito à vontade, aquele era meu hábitat natural". Sylvie Moreau soube desde cedo que seus pontos fortes eram nas categorias operacionais e de beleza, e propositalmente se colocou em um cargo que correspondesse a seus talentos individuais: "Moldei minha carreira para fazer um trabalho no qual sou perfeita".

Isso corresponde à filosofia da CliftonStrengths® (ex-StrengthsFinder®), que afirma que a chave para o sucesso na vida e no trabalho é focar aquilo em que somos naturalmente fortes e não gastar nenhum tempo e energia com o resto. Uma de minhas hipóteses sobre desigualdade de gênero era de que homens e mulheres pudessem ter pontos fortes naturais diferentes. Porém, Anna Sawyer, diretora e especialista em pontos fortes da Gallup®, deixou-me claro que, na verdade, não é bem assim. Mesmo que haja *algumas* diferenças de pontos fortes em perfis de homens em comparação com perfis de mulheres (Empático®, Desenvolvedor®, Inclusivo® e Disciplinado®, por exemplo, são mais frequentes em mulheres),[4] Anna me contou que o importante não são apenas seus pontos fortes, mas também quão bem você faz uso deles: isso está relacionado a seus limites naturais e a transformá-los em seu superpoder. E, quando uma pessoa enfatiza e usa os próprios pontos fortes, e não tenta imitar comportamentos alheios, ela está sendo autêntica. Como sabemos, ser autêntico também impulsiona a sensação de conforto, o que estimula sua confiança interna e externa e ajuda as pessoas a serem bem-sucedidas.

Tom Rath e Barry Conchie, em *Strengths-Based Leadership* [Liderança com base em pontos fortes, em tradução livre], desenvolvem essa ideia:

> Todos temos modos diferentes de liderar, com base em nossos talentos e limitações [...] Se você analisar grandes líderes da história, como Winston Churchill ou Mahatma Gandhi, talvez observe mais diferenças que semelhanças.[5]

Mas o ponto-chave que Churchill, Gandhi e as Super 7% têm em comum é que eles alavancaram seus pontos fortes dominantes: "eles têm uma clareza excepcional sobre quem são – e sobre quem não são".[6] Mervyn Davies, CEO e presidente do Standard Chartered Bank, afirma que "o aspecto mais importante da liderança é tão somente conhecer a si mesmo".[7] Um dos exemplos de Rath e Conchie de um líder como esse é Wendy Kopp, fundadora e CEO da Teach for America, que impulsionou seus pontos fortes singulares para criar uma organização que já alcançou mais de três milhões de estudantes. Rath e Conchie destacam que é crucial "líderes se manterem fiéis a quem eles são". Brad Anderson, da Best Buy, concorda, descrevendo a confiança como "a mercadoria mais apreciada e valiosa no ambiente de trabalho", e que "a chave para construir a confiança é ser autêntico". Richard Reid, psicoterapeuta e coach de carisma, acredita na importância de "ter uma identidade sólida e consistente", porque "pessoas carismáticas não mudam para se encaixar".

Todos sabemos como o carisma é atraente em um líder. Se uma identidade autêntica e consistente, fundamentada em nossos pontos fortes pessoais, é a chave para o êxito, esse é um desafio extra para as mulheres, que com muita frequência se encontram em uma cultura predominantemente masculina na qual sentem que precisam se encaixar – e as mulheres que não compram essa ideia e permanecem autênticas recebem um enorme crédito.[8] Todas essas mulheres do time das Super 7% sabiam que tinham aterrissado no lugar certo (mesmo que por pura sorte, como uma CEO me contou que era o caso dela), ou sabiam como sair do lugar errado. Uma diretora de operações disse: "Eu sabia que não me sentia à vontade em ambientes agressivos, então os evitava". Anna Lawton, ex-diretora-geral em uma firma de investimentos bancários, logo percebeu que a área de negociações não era seu lugar e mudou para a de operações, o local certo para ela catapultar seus pontos fortes.

Robyn Johnstone, presidente-executiva do Education Placement Group, no início da carreira vivenciou uma verdadeira cultura de "Clube do Bolinha", com linguajar sexista por toda parte – portanto, ela se tornou proativa em adentrar (e criar) culturas de que gostasse. Robyn também é uma das várias mulheres que destacam a importância de se trabalhar em um local que tenha as pessoas certas na liderança. Ela sabe muito bem como foi sortuda por ter um homem como Julian Harley (hoje presidente da AdviserPlus) como chefe e mentor, e que é um "cavalheiro que sempre ouve as pessoas". Hanneke Faber deixa extremamente claro como foi importante para ela ter o apoio do adorado Paul Polman desde o início da carreira. Algumas pessoas dirão que essas mulheres tiveram sorte de ter ido parar no lugar certo com as pessoas certas, mas é muito mais que isso – essas mulheres tinham a noção de conhecer a si mesmas, seus pontos fortes e onde e com quem poderiam ter êxito sendo autênticas. Acredito que esse seja um dos pontos-chave por trás das mulheres que vencem no mercado de trabalho.

Porém, o que diferencia as Super 7% das outras mulheres não é, evidentemente, o fato de elas terem conseguido passar a vida e a carreira sem enfrentar nenhum dos obstáculos ou desconfortos relacionados a gênero que a maioria das mulheres enfrenta. Assim como todas nós, elas não gostam de análises de desempenho; nas palavras de Patricia Rodríguez Barrios, vice-presidente da La Liga (a liga espanhola de futebol) e CEO do SmartBank Club: "Eu não me sentia à vontade em falar sobre mim, sobre minhas conquistas". E muitas não gostam de falar sobre o próprio salário ou de pedir aumento; Tamara Ingram disse: "Eu sinto vergonha até de falar sobre isso!"; Hanneke Faber diz que

Aris (seu marido) "a força a fazer isso", e Robyn Johnstone disse que "se obriga a fazer isso, mas por escrito". Em muitos casos, isso provém de uma sensação de que elas não precisam de mais dinheiro (enquanto a maioria dos homens perguntaria qual a relação disso com o aumento salarial!). Fama Francisco me contou: "Estou ganhando dinheiro de um jeito que jamais imaginei que ganharia", e Sylvie Moreau disse que "seu salário é um escândalo". Elas também foram ignoradas em reuniões, foram vítimas de "Homexplica" e foram as únicas mulheres na reunião de executivos. Uma diretora de operações brincou: "Poxa vida, eu trabalho na área de beleza e, ainda assim, às vezes percebo que sou a única mulher em algumas reuniões!".

Sylvie Moreau compartilhou que falhou em influenciar algumas decisões importantes em reuniões porque não havia ninguém lá para endossar sua opinião, e a senhora Cilla Snowball vivenciou o mesmo: "Os homens acreditam que podem passar por cima das mulheres. Ninguém me defendeu". Elas também perderam promoções, aparentemente sem motivo algum. Uma das Super 7% me contou que uma vez seu nome não estava na pré-seleção (basicamente 100% masculina...) para o cargo de CEO, sendo que era tão qualificada quanto os outros candidatos. Elas também sentiram uma necessidade de ficar se autoafirmando antes de serem levadas a sério. Patricia Rodríguez Barrios, no universo do futebol, sentiu isso na carne: "Tenho de *mostrar* a eles que sei; um homem, não".

Elas também enfrentaram sexismo explícito e ofensivo. Patricia recebeu uma mensagem de um de seus funcionários homens começando com "Oi, gatinha". E Anna Lawton, dos investimentos bancários, ao falar sobre gravidez, ouviu de um gerente sênior que "não se pode ser mãe e trabalhar no pregão" (onde apenas 10 dos 350 operadores são mulheres). Pior ainda, elas também chegaram ao limite do bullying masculino e do assédio sexual. Uma triste realidade é que elas perceberam que o último lugar a que podiam pedir ajuda era o departamento de RH. Portanto, elas lidaram indiretamente com o assunto, a fim de evitar problemas na própria carreira (e isso não me surpreendeu, já que raramente vi o RH apoiando uma queixa feminina de assédio sexual contra um homem mais experiente).

Então, se essas mulheres enfrentaram os mesmos obstáculos que a maioria de nós, mulheres, enfrentamos, o que as impediu de serem vencidas por eles e desistirem? Todas elas são únicas, mas o que têm em comum, embora revelem de maneiras diferentes, são uma força e uma resiliência enormes. A senhora Cilla Snowball diz que "você constrói uma armadura de aço interna que a protege" e acredita que isso seja algo que os homens constroem muito mais cedo, ainda garotinhos (o que é irônico, considerando que as mulheres precisam mais disso!). Doreen Bogdan-Martin compartilhou:

> Olhando em retrospecto, acredito que tive capacidade para continuar quando outras pessoas desistiram. Sou determinada, e, quando enfrento obstáculos, minha determinação fica mais forte.

Essas mulheres têm coragem e intrepidez, além de uma recusa de se deixarem vencer, inclusive pelos valentões. Sylvie Moreau me contou: "Irei até o fim", e Tamara Ingram disse que "a força interior é maior que as barreiras". Elas também são a prova viva de que a competitividade e a ambição femininas podem não dar as caras da mesma maneira, mas elas estão aí; muitas delas falam a respeito de uma força interna e um desejo aguçado de serem as melhores no que fazem. Sylvie Moreau é uma autodeclarada "mulher alfa" e diz, simplesmente: "Eu gosto de vencer". Tamara Ingram me contou:

> Se eu fosse diretora, desejaria ser uma diretora ganhadora do Oscar. Se eu fosse professora, desejaria ser professora-diretora. No primeiro dia na Saatchi, eu disse que seria CEO. Não consigo me imaginar em algo sem assumir as rédeas.

Fama Francisco tem a própria opinião e o mesmo impulso:

> Preciso tentar ser a melhor para fazer valer a pena. Se é para fazer algo medianamente, por que fazê-lo, afinal?

Um fator determinante dessa confiança e intrepidez é a clareza compartilhada de que o trabalho (no caso da maioria das pessoas) não é questão de vida ou morte; em última instância, ele é um jogo e não deve ser levado para o lado pessoal ou a sério demais. Como diz Anna Lawton com seu jeito inimitável: "Dane-se, é só um trabalho". Hanneke

Faber contou-me: "Eu meio que encaro o trabalho como um jogo", e uma CEO afirmou que "aprendeu a não levá-lo para o lado pessoal". Acredito que isso seja uma das coisas que serão óbvias a muitos homens por aí que estiverem lendo este livro, mas não é tão óbvio assim para várias mulheres. Podemos aprender muito com as mulheres (e com os homens) que aceitam o jogo, entram em campo e o jogam. Como me disse uma diretora de operações:

> Não acredito que decisões sejam tomadas no campo de golfe. Se eu realmente acreditasse que era o caso, teria zero desvantagens. Você precisa entrar no jogo, não ficar gritando do lado de fora. A solução vem de dentro, não seja uma vítima.

E ela não era a única a ter zero interesse em ser uma vítima da dinâmica "homens contra mulheres". Fama Francisco recorda que, inclusive desde que era só uma garotinha nas Filipinas (às vezes, para o espanto da própria mãe), ela "sempre quis fazer as coisas, mesmo que não fossem consideradas algo que uma menina faria".

Outra coisa que essas mulheres têm em comum é sua atitude diante do perfeccionismo *versus* falhas. Ainda que praticamente todas elas tenham admitido que foram perfeccionistas "fervorosas" na escola e na intimidade, elas tiveram de aprender a não ser. Elas acreditam que ser 80% pragmática e 20% perfeccionista é o único meio de ter êxito no mundo real. A senhora Cilla Snowball ouviu logo no início da carreira: "Ninguém gosta de perfeccionistas, vocês são uns chatos!". Fama Francisco, por sua vez, aprendeu a "focar a excelência, não a perfeição".

Quanto às falhas, para os homens isso não é um efeito paralisante como talvez seja para muitas mulheres. Em parte, porque eles novamente não consideram o trabalho como uma questão de vida e morte (e, por isso, podem falhar nele), mas também porque conseguem racionalizar o fracasso – não é pessoal, não é um julgamento sobre o seu próprio valor. Eles conseguem colocar o fracasso sob uma perspectiva muito clara. "Não é a última bolacha do pacote, há um mundo muito maior lá fora", como diz Fama Francisco, e, nas palavras de Hanneke Faber: "O que eles vão fazer, me despedir? Não preciso de mais dinheiro; eu encontraria outro emprego". Talvez ela tenha mais facilidade em dizer isso que alguém mais inexperiente e menos bem remunerado, mas todas as mulheres jovens fariam bem em desenvolver a confiança e saber que não se deve depender de um único patrão ou emprego a vida toda.

O que vemos aqui é aquela relação crucial e, de certa forma, paradoxal entre a aceitação do fracasso como parte inevitável da vida e do trabalho e a confiança que provém disso – nas palavras de Sylvie Moreau, essas mulheres têm "o oposto da síndrome do impostor". Patricia Rodríguez Barrios deve reconhecimento a seus pais por sempre terem lhe dado confiança para tentar, e que ela "é a melhor e pode conseguir, mas e daí se falhar? Está tudo bem". Consequentemente, ela tem uma noção profunda de autoconfiança e nunca tem medo de ir além: "Prefiro cometer um erro e aprender com ele do que não tentar".

Não há dúvida de que os pais e a educação tenham tido um papel positivo fundamental na criação de muitas dessas mulheres. Doreen Bogdan-Martin compartilhou que:

> A importância da igualdade foi algo que aprendi com meus pais. Ambos eram 100% comprometidos com os princípios da igualdade de oportunidades.

Uma diretora de operações reconheceu que sua origem na classe operária e o fato de ser a primeira pessoa da família a ir à universidade foi fundamental para ela, apoiada por pais que sempre a estimularam. Tamara Ingram fala sobre ter aprendido desde a primeira infância que ela devia, absoluta e inquestionavelmente, ter independência financeira. Robyn Johnstone também agradece à própria infância pela força e resiliência – ela foi criada em uma fazenda de gado no interior da Austrália com mais cinco irmãos, e aos 8 anos trabalhava e operava tratores.

Não surpreende que praticamente todas essas mulheres tenham me contado que o esporte sempre foi parte importante de suas vidas, além de ter edificado sua resiliência. Hanneke Faber foi campeã nacional de mergulho em altura dos 10 aos 22 anos, e ela me contou que, quando se consegue fazer isso, "nada mais a assusta. O que de pior pode acontecer?". Esse esporte lhe ensinou a ter confiança, a correr riscos e a não ter medo, e ela faz um paralelo claro entre esporte e trabalho: "Esporte tem a ver com desempenho competitivo, carreiras têm a ver com desempenho". Robyn Johnstone sempre adorou e praticou esportes, e afirma que eles a deixaram "sem vergonha de ser competitiva", ensinaram-lhe a "lidar com o fracasso" e sobre a importância da "combinação perfeita no trabalho". Uma diretora de operações me contou que "sempre adorou esportes", e que eles lhe ensinaram a construir relacionamentos, a desenvolver uma couraça e aguentar firme as provocações, dizendo: "Eu me sinto mais resistente que a maioria das mulheres".

> **Não surpreende** que praticamente todas essas **mulheres** tenham me contado que o **esporte** sempre foi parte **importante** de suas **vidas**, além de ter **edificado** sua **resiliência**.

Porém, acredito que os dois diferenciais mais importantes entre as Super 7% que vencem no mercado de trabalho e o restante de nós são a maneira como lidam com os homens e o cuidado com os filhos. Todas essas mulheres, sem exceção, desenvolveram técnicas muito claras para lidar com os colegas e chefes do sexo masculino. Nas palavras de Patricia Rodríguez Barrios: "você precisa de estratégias para lidar com homens". A maioria (se não todas) dessas mulheres não gostam do confronto explícito e o evitam (Anna Lawton me contou que aprendeu isso com os pais acadêmicos, que resolviam todos os problemas com uma conversa tranquila), e gerenciam bem os conflitos caso surjam e nunca são agressivas. Elas consideram essa postura parte fundamental do profissionalismo, e que, para ter uma carreira de sucesso e duradoura, isso é importante para que elas sejam apreciadas ou, ao menos, para "não irritarem as pessoas". Doreen Bogdan-Martin me disse: "Tive de aprender muitas habilidades de diplomacia"; a senhora Cilla Snowball afirma: "Não quero fazer inimigos", e Robyn Johnstone enxerga isso de maneira simples e pragmática:

> Não brigue se não for necessário ou se, de qualquer forma, você vá perder.

Essas mulheres são inteligentes e sabem que ninguém gosta de parecer insignificante ou de perder, além de terem uma consciência perspicaz do ego masculino e da necessidade de lidar com ele. Como diz Sylvie Moreau: "não corte as bolas dele!".

Uma de suas estratégias em comum favoritas para lidar com os homens é a hiperpreparação (algumas confessam que em um nível obsessivo). Para Doreen Bogdan-Martin, "estar preparada, ou até hiper-preparada" é crucial, e Fama Francisco tem um "caderno de anotações com frases diretas preferidas" que mantém à sua frente para momentos difíceis ou perguntas desafiadoras, e sempre se prepara para as reuniões antecipando questões e pontos de vista discordantes que surgirão. A apresentadora de TV me contou que, para ela, tudo tem a ver com "calma acima de tudo. E preparação. Eu jogo de acordo com o que vão me dizer. E jogo exatamente conforme as regras da partida... tenho consciência do meu tom de voz, da minha calma e da necessidade de ser lógica e estar bem preparada. Tendo a deixar as emoções de fora, e talvez seja essa minha maneira de reconhecer o jeito feminino e o masculino de fazer as coisas". Para algumas delas, uma parte fundamental da preparação é analisar os homens com quem vão trabalhar ou se encontrar com eles e desenvolver uma estratégia com base nisso. Patricia Rodríguez Barrios diz: "Tento conhecer os homens que estão diante de mim".

Outra coisa que todas elas têm em comum é que não continuam insistindo se não estiverem chegando a lugar nenhum. Fama Francisco me contou: "Sei quando tirar o time de campo em cada caso", e Doreen Bogdan-Martin destacou que às vezes é necessário

> ter uma perspectiva mais a longo prazo, para reconhecer que você pode perder a batalha mas que, no fim, a persistência pode levá-la a vencer a guerra.

Saber como combater em outro dia ou de outra forma é um ponto comum. Tamara Ingram reconheceu logo cedo que, com a personalidade que tem, não venceria alguns homens, e, por isso, mudou sua abordagem, às vezes trazendo outros homens a bordo para insistir também, às vezes até mesmo jogando com seus egos e se passando por menos experiente (ou até mais subserviente), a fim de obter o resultado.

Independentemente das estratégias que essas mulheres usam, todas sabem que precisam delas, que esse é um jogo como qualquer outro, que precisa de análise e preparação, e que há um desempenho que precisa ser cumprido – e apenas aparecer e ser "você mesma" sem nenhuma preparação não irá lapidá-lo. O desafio é saber disso e executar esse desempenho de forma autêntica, e talvez a capacidade de fazê-lo seja uma grande habilidade diferencial que mulheres bem-sucedidas possuem. A esse respeito, Fama Francisco faz uma boa colocação:

> É muito simplista dizer que sou quem eu sou. É preciso fazer ajustes – mas para ser mais eficiente, não para mudar quem você é.

Uma das estratégias de alavancagem mais claras sobre a qual todas essas mulheres falaram espontaneamente é o senso de humor, inclusive participar das brincadeiras e se valer prodigamente do sarcasmo. Todas elas enxergam essa ferramenta como talvez a mais efetiva ao tratar de conflitos com os homens e estão cientes dessa habilidade importante. A apresentadora de TV descreveu como um de seus principais pontos fortes o fato de ser "muito engraçada" e que isso era a chave de sua capacidade de ser franca sem ser ameaçadora. Para Doreen Bogdan-Martin, esse papel também está claro:

> Expor a opinião com firmeza e, às vezes, até mesmo com um pouco de humor irônico muitas vezes pode ser mais eficaz do que uma abordagem conflituosa.

Anna Lawton me contou: "Não gosto de conflito, e meu primeiro mecanismo de defesa são o humor e o sarcasmo". Ela também não tem medo de colocar tudo em pratos limpos com os homens, muitas vezes usando as frases "Bem, quem está agindo como o típico filho da mãe nos negócios?" ou "Oh, estamos arrogantes hoje, não?", e me disse que um dos primeiros insights que teve sobre os homens no mundo dos negócios foi que "todos eles reagem à professora linha-dura da escola". Anna também admitiu lançar mão do poder de "um monte de palavrões propositais" quando necessário! Todas essas mulheres entenderam que há certas coisas pelas quais muitos homens têm profundo respeito, e um ótimo senso de humor e capacidade para segurar o rojão em meio à batalha é uma delas. Sem dúvida senti esse respeito da parte dos homens que entrevistei para este livro. Julian Harley disse que isso era uma das coisas de que ele mais gostava na maneira como Robyn Johnstone lida e se comunica com ele, ainda que em situações estressantes. "Um bom senso de humor" foi uma das principais coisas citadas como ponto positivo de Fama Francisco pelos vários homens que a consideram a líder mais forte do sexo feminino que cruzaram seu caminho na P&G.

Quando você pensa a respeito, não fica óbvio que o humor é bastante poderoso? Antes de tudo, é um sinal nítido de que a pessoa está relaxada e confia em si mesma ao conseguir dar um passo para trás e rir de alguma coisa (e sabemos o quanto valorizamos gente confiante). Em segundo lugar, quando rimos na companhia de alguém, somos amigos, estamos do mesmo lado, não estamos brigando ou nos confrontando – e todo mundo reage de maneira positiva a isso. É curioso que, quando perguntei a Doreen Bogdan-Martin o que ela acreditava que a tornava diferente de outras mulheres, menos bem-sucedidas, uma das ideias-chave foi: "Nunca enxerguei meus colegas homens como inimigos". Eu poderia apostar que muitas mulheres extremamente bem-sucedidas compartilham esse ponto de vista e que provaram isso lidando com as situações de forma bem-humorada, e não com agressões ou conflitos – e que isso também foi percebido e compreendido pelos colegas homens, sendo um dos motivos pelos quais eles as admiram como líderes.

Vimos o quanto a educação foi importante para promover a confiança nas Super 7%, e como uma mulher bem-sucedida atrás da outra me contou sobre as próprias estratégias para lidar com os homens – o resultado foi que a maioria delas também aprendeu isso na infância, nas primeiras interações com o pai.

À sua própria maneira, elas aprenderam que não havia necessidade de temer os homens, ou então aprenderam como lidar com eles para evitar que ficassem com raiva. No limite positivo do espectro, o pai de Sylvie Moreau era um homem baixinho, sem o menor aspecto ameaçador, e tinha uma voz suave, e a mãe era a pessoa forte e irritadiça que lhe ensinou, quando criança, que não era preciso temer os homens e que era natural e seguro uma mulher enfrentá-los (embora evidentemente nem toda menina tenha tido essa experiência). Em um ponto mais sinistro do espectro, temos a diretora de marketing que, ao ser questionada se já sentira um pouco de medo dos homens no trabalho, por exemplo, quando as discussões ficam acaloradas, ficou nítido que ela achou a pergunta estranha e disse "hum, não". À medida que continuamos a falar sobre o porquê disso e de onde vinha sua ausência de medo, veio à tona o fato de que, quando ela era criança, seu pai batia nela quando se sentia pressionado ou com raiva, e no fim ela percebeu que "isso era tudo o que ele tinha"; se o pior que pode acontecer é um homem perder o controle e descontar nos outros, então não há motivo para ter medo. Consequentemente, ela não é dessas mulheres que têm medo dos homens ou de expor seus argumentos até onde for necessário. Também temos a CEO cujo pai era militar, o qual suponho que deva ter contribuído com seu estilo agressivo, rígido e masculinizado.

Depois, temos o exemplo de Robyn Johnstone, que cresceu com um pai irritadiço a quem toda a família temia. Mas Robyn descobriu como lidar com ele a fim de evitar que as coisas chegassem ao ponto de conflito e, com essa experiência, ela "aprendeu a lidar com homens difíceis".

Esse foi um dos maiores insights sobre o modo como mulheres bem-sucedidas lidam consigo mesmas e com os homens – e também pude sentir que isso era uma espécie de epifania para essas mulheres. Conforme falavam a respeito, elas perceberam onde aquilo começava e como suas interações com homens desde a infância lhes ensinaram a se comportar, já adultas, na sala de reuniões. A ausência de medo dos homens, ou a postura de "lidar" com conflitos para evitar o medo, é uma coisa que todas essas mulheres têm em comum. Faz sentido que isso seja um estímulo importante para seu sucesso – acredito que muitas mulheres, em certa medida, tenham medo dos homens e que isso, mais cedo ou mais tarde, faça com que elas parem de seguir adiante e acabem recuando. Ao procederem assim, elas enviam um sinal de que não têm confiança suficiente em si mesmas e no que estão dizendo – e isso é o oposto do que bons líderes fazem. Nas palavras de Doreen Bogdan-Martin:

> A timidez não compensa no ambiente de trabalho, simples assim. Muitas culturas ensinam as mulheres a serem meigas e modestas. Isso não vai funcionar nem um pouco na maioria dos cargos corporativos.

A coragem é a chave para a liderança; a ausência de medo é imensamente admirada em líderes. Mulheres que não sentem (ou não demonstram) medo levam grande vantagem sobre as que sentem.

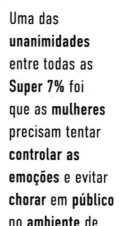

> Uma das **unanimidades** entre todas as **Super 7%** foi que as **mulheres** precisam tentar **controlar as emoções** e evitar **chorar** em **público** no **ambiente** de **trabalho**.

Uma das unanimidades entre todas as Super 7% foi que as mulheres precisam tentar controlar as emoções e evitar chorar em público no ambiente de trabalho. Tamara Ingram foi direta: "você não pode fazer isso e pronto", e Sylvie Moreau disse que "é melhor ter compostura". Hanneke Faber compartilhou que, em reuniões difíceis, ela viu outras mulheres com o rosto vermelho e lágrimas nos olhos, e soube, com tristeza, que isso não as estava favorecendo nem um pouco aos olhos dos colegas homens. A ex-primeira-ministra britânica Theresa May claramente enxergava isso da mesma forma; em resposta a uma derrota esmagadora em janeiro de 2019, ela não demonstrou nenhuma emoção ou raiva (diz-se que nem a portas fechadas, ela apenas deu de ombros e disse, simplesmente: "isso é política"). E, quando finalmente demonstrou certa emoção além de resignação, foi duramente criticada. Certa vez, uma gerente sênior da P&G resumiu que, "para uma mulher ser bem-sucedida em um mundo masculino, é preciso aprender a compartilhar as emoções sem demonstrar emoção".

Curiosamente, essas mulheres assumem uma postura clara de "nada de lágrimas" mesmo sendo muito visadas e apreciadas como "Mulheres Autênticas", e mesmo cientes de que a urgência e a necessidade de chorar são muito naturais e reais para as mulheres. Uma delas me disse que ser autêntica não é o mesmo que deixar seu eu natural fluir livre e solto todas as vezes, que autenticidade não significa ausência de controle. E talvez um dia, quando vivermos em um mundo igualitário e mais inclusivo, haverá maior aceitação das emoções como parte integrante do ser humano (mulher ou homem).

Portanto, o primeiro fator diferencial das Super 7% são suas estratégias para lidar com os homens; o segundo é que nenhuma delas teve de assumir a maior parte do fardo de cuidar da casa ou dos filhos. Muitas delas estabeleceram a simples realidade de que, para chegar ao topo, é preciso trabalhar mais horas e ser mais comprometido que as outras pessoas. Tamara Ingram disse que "não é um horário comercial". No mundo todo, mulheres assumem 80% a mais das tarefas domésticas e do cuidado com os filhos, portanto, é um desafio ser capaz de ocupar um cargo sênior – e, bem, essas mulheres têm essa capacidade.[9]

> O **primeiro** fator **diferencial** das Super 7% são suas **estratégias** para lidar com os **homens**; o **segundo** é que nenhuma delas teve de **assumir** a maior parte do **fardo** de **cuidar** da casa ou dos **filhos**.

Duas das Super 7% com quem conversei não precisam se preocupar nem um pouco com a sobrecarga, porque não têm filhos e reconhecem como isso facilitou demais o caminho para elas, incluindo "fazer horas extras, trabalhar aos fins de semana ou viajar". Nas palavras de Patricia Rodríguez Barrios: "não tenho filhos para cuidar". Já as outras tiveram muita ajuda. Fama Francisco compartilhou que seu marido sempre assumiu "de verdade" a metade dos trabalhos domésticos e dos cuidados com a família. Hanneke Faber também compartilhou a importância da "rede de apoio doméstica". Graças ao marido, Aris, e à ajuda de pessoas remuneradas, ela nunca assumiu mais que 50% do cuidado com os filhos ou 25% das tarefas domésticas. Uma CEO também usou a expressão "rede de apoio doméstica" e me contou que o marido sempre fez mais da metade do trabalho em casa: "Sou casada com uma pessoa que me dá muito apoio em minha carreira". Doreen Bogdan-Martin tem quatro filhos, dos quais três são trigêmeos, e cita a necessidade de "ajuda doméstica confiável e segura". Robyn Johnstone reconhece que não teria conseguido sem uma babá em tempo integral (que muitas não podem pagar), ou o marido, que trabalhou para que a dinâmica do casamento desse certo, tirando licença ou folga quando necessário. Tamara Ingram me contou que seu marido "era o diretor de operações da casa" e que "colocava totalmente a mão na massa". O marido de Anna Lawton nunca trabalhou e fez 90% do trabalho de educar os três filhos, telefonando apenas uma vez para seu trabalho para dizer que ela precisava voltar para casa, porque um deles estava no hospital. Ela diz que, graças a ele, seus chefes não sentiram necessidade de colocá-la no "time das mãezonas", e que seu sucesso seria inviável se Mark não tivesse parado de trabalhar.

Ela também destacou como foi importante ele ter tomado as rédeas da situação e, também, o fato de ele "não ter sido desvirilizado" por isso. Sylvie Moreau também fala sobre a necessidade de ter um "marido incentivador e não emasculado". Essas mulheres são sortudas por terem esse tipo de apoio; nas palavras da senhora Cilla Snowball: "mulheres no topo ou têm um homem incentivador ou não têm homem algum".

Outra coisa que todas essas mulheres têm em comum (e odeio ter de dizer isso) é a maneira como se vestem no ambiente de trabalho. Tamara Ingram me contou: "Tive de aprender a me vestir, e que o trabalho vem junto a um uniforme", e ela nem de longe foi a única a afirmar que existe um "guarda-roupa de trabalho" e que é necessário "ter boa aparência". A senhora Cilla Snowball vai além, descrevendo isso como uma "armadura". Hanneke Faber diz: "Realmente acredito que o modo como uma mulher se veste afete a maneira como ela é percebida". Para Patricia Rodríguez Barrios, essa é uma ferramenta que ela usa como um trunfo por ser a única mulher no ambiente futebolístico dominado por homens: "Tento ser a pessoa diferente, usar uma cor distinta e me destacar". Para uma diretora de operações, a maneira como as mulheres se vestem no trabalho dá muito pano para manga. Nosso tempo de entrevista se esgotou e não consegui perguntar a ela seus pontos de vista sobre o assunto, mas ela os compartilhou espontaneamente: "Compreendo a psique típica de vestiário masculino. Eles falarão sobre o seu traseiro, não sobre seu trabalho". Ela sempre orientou mulheres jovens a respeito, e continua orientando quando percebe que elas não estão se vestindo de forma "homogênea", dizendo-lhes que "não deixem que isso dê margem para falatório".

Sei que é uma seara extremamente controversa alertar mulheres sobre como se vestir com base em pensamentos de cunho sexual e comentários masculinos. Também é verdade que se vestir de forma profissional e "apropriada" nem sempre será o bastante para impedir comentários sexistas se ainda for possível, por exemplo, distinguir o formato do corpo da mulher. Mas é justo dizer que *dress code* não é só para mulheres. Evidentemente os homens também têm um, embora por motivos diferentes. Quantos homens achamos que prefeririam não usar terno, ou camisa e calças de alfaiataria? Tenho certeza de que gostariam de usar jeans, moletom ou bermuda, mas eles não o fazem.

Ora, por ser uma pessoa que sempre acreditou em ser autêntica e usar, fazer e dizer o que quiser, acho um pouco difícil aceitar que alguns desses pontos que trouxe sejam importantes forças motrizes do sucesso dessas mulheres maravilhosas. Pessoalmente, prefiro a filosofia de Eleanor Roosevelt de que "mulheres bem-comportadas raramente fazem história", mas a realidade é que, em certa medida, essas mulheres extremamente bem-sucedidas estão sendo "bem-comportadas" e fazendo história atingindo cargos máximos na carreira que escolheram quando, honestamente, a maioria das mulheres não atinge. Elas são mulheres autênticas, mas isso não significa que estejam sempre dando as caras *au naturel* – estão pensando e agindo estrategicamente na forma como se vestem, na forma como se preparam, na forma como analisam as pessoas com quem trabalham e como lidar com elas a fim de obter os resultados que desejam. Talvez o que precisemos ter em mente aqui é que isso não é uma questão de gênero nem uma coisa que só as mulheres devem fazer para ter sucesso – os homens estão pensando nisso e também estão fazendo o mesmo.

Uma coisa que essas mulheres de enorme sucesso também fazem muito bem, e que é próprio de muitas delas, é trabalhar e lidar com pessoas. Praticamente todas elas falam sobre como adoram e valorizam pessoas, e sabem que relacionamentos são muito importantes. Anna Lawton fala sobre seu "interesse genuíno em outros pontos de vista" e sobre ser "genuinamente interessada em pessoas". Tamara Ingram também me contou: "Sempre gostei de pessoas, desde criança. Tenho interesse por suas motivações e pelo indivíduo como um todo. Não me importo com as partes ruins. Não consegui chegar lá porque sou mais inteligente ou talentosa, mas porque me importo com as pessoas e as levo comigo".

Todas elas compreendem o pilar fundamental do conceito de liderança nível 5 de Jim Collins, que é focar outras pessoas e não o próprio eu.[10] Elas sabem o que Zaid Al-Qassab, da Channel 4, acredita ser o insight mais importante da liderança: "Negócios são feitos por seres humanos, os ativos são eles". Fama Francisco descreve-se como "um ser humano genuíno que se importa" e acredita que "seu sucesso é determinado pela quantidade de pessoas que você deseja que o sigam de coração". Isso não são apenas palavras vazias; um de seus funcionários mais experientes fala sobre sua "habilidade inacreditável de manter as pessoas envolvidas e motivadas". A senhora Cilla Snowball também é claramente uma "pessoa que gosta de gente", que me contou o quanto "gosta de clientes" e que o fato de adorar e se importar com as pessoas é muito notado e apreciado pelos outros, inclusive homens. Sal Pajwani afirma que ela é "a pessoa mais empática que conheço, ao conversar com você ela fica 150% à vontade", e Zaid Al-Qassab a descreve como

> uma mãe, um apoio a outras pessoas, a serviço dos outros acima de tudo. Ela realmente se importa com as pessoas 100% do tempo, com o bem-estar e o aprimoramento delas.

Logo, não surpreende que essas mulheres tenham tido êxito, e de uma forma que é imensamente admirada e respeitada por quem trabalhou com e para elas. Clifton e Harter descobriram que gerentes que proporcionam ambientes em que os funcionários conseguem usar seus talentos ao máximo têm unidades de trabalho mais produtivas, com menos rotatividade de funcionários.[11]

De fato, como afirma Mervyn Davies:

> A prova de fogo de um grande líder é se ele consegue escrever rapidamente em um pedaço de papel o nome de todas as pessoas que ele fez crescer.[12]

Apostaria muito dinheiro que essas mulheres conseguem.

Para mim, o que é inspirador é que isso não é algo que as mulheres tenham tido de assimilar, copiar, encenar ou pensar estrategicamente; é algo que em geral parece acontecer mais naturalmente para elas, e muitas das Super 7% estão adotando essa prática e aprimorando-a para que as torne mais bem-sucedidas como líderes. Embora não haja tantas tendências de gênero como eu esperava em alguns pontos fortes, com mulheres e homens compartilhando quatro dos cinco principais temas da CliftonStrengths® (Responsabilidade®, Contribuição®, Aprendizagem®, Relator®), há algumas diferenças.[13] Para as mulheres, é a Empatia® que fica nos cinco principais (em comparação com o Realizador® para os homens), e mulheres também se classificam melhor que os homens nos temas Desenvolvedor®, Disciplina® e Inclusão®. Elas tendem a focar mais o planejamento, a rotina e a estrutura (Disciplina®), são mais aptas a aceitar, incluir e desenvolver lealdade com outras pessoas (Inclusão® e Empatia®) e são mais propensas a reconhecer e cultivar o potencial nas pessoas (Desenvolvedor®). Mulheres dão e recebem estímulo por meio da colaboração e geralmente são mais inclinadas a focar grupos ou equipes e a cultivar relacionamentos, e talvez isso explique por que – como gerentes – elas lideram equipes mais engajadas.[14] Empatia® e Desenvolvedor®, em particular, são os pontos fortes do nível 5 de liderança para impulsionar a diversidade (é irônico precisarmos de mulheres para alavancar a diversidade feminina). Logo, essas são as habilidades pessoais em que mulheres geralmente são mais fortes, mas muitas estão perdidas em culturas predominantemente masculinas repletas de barreiras de gênero que as fazem sentir que precisam imitar comportamentos e pontos fortes alheios, em vez de usar o próprio "poder feminino".[15] Talvez o maior e o mais básico segredo por trás do sucesso dessas mulheres seja colocar-se no jogo – simples assim.

Outra boa notícia nisso é que a maioria das mulheres do grupo das Super 7% com quem conversei eram grandes defensoras de outras mulheres. Hanneke Faber promoveu mulheres de forma desproporcional quando estava na Ahold, e consequentemente metade de suas gerentes-gerais eram mulheres. Sylvie Moreau sempre fala a respeito da "sororidade"; 40% de sua equipe principal são mulheres, e seu mantra é "inspirar minhas irmãs no ambiente de trabalho". Fama Francisco afirma:

> Minha intenção é encontrar pedras preciosas do sexo feminino no início da carreira e colocá-las na função certa.

Ela acredita que seus "princípios pessoais devem ficar nítidos na composição da equipe principal", então, garante que a mistura fique meio a meio. Ela acredita que, para mulheres no início da carreira, seu papel é "lhes dar esperanças [de que] alguém como elas pode ser bem-sucedida". Doreen Bogdan-Martin liderou a criação da primeira força-tarefa de gênero da UIT, e Patricia Rodríguez Barrios lidera um programa de mentoria para mulheres na Espanha. Robyn Johnstone se esforça muito para assegurar às mulheres que elas possam ter filhos e carreira, e respalda a afirmação de forma concreta concedendo a elas flexibilidade no trabalho (o que, aliás, ela também dá aos homens). Tamara Ingram fica feliz em se descrever como uma "completa feminista", e a senhora Cilla Snowball é apaixonada pela questão da igualdade de gênero e é uma mulher que gosta de "insistir nisso [...] posso até ouvir os olhos revirando". Felizmente, essas mulheres não estão sozinhas – o que quer que pensemos a respeito de seu tempo como líder, Theresa May foi a primeira mulher britânica no cargo de primeira-ministra que se intitula feminista. Ela promoveu de forma consistente mulheres no governo, dizendo que não seria a última primeira-ministra (já Margaret Thatcher é conhecida por não acreditar na "libertação das mulheres", e puxou a escada atrás de si). Isso é de fato animador, e esperamos ver mais coisas do tipo no futuro, com mais mulheres no topo. Se queremos que mais mulheres vençam no trabalho, precisamos das que estão tendo êxito para ajudar, ensinar e apoiar as outras, pois, como vimos, isso é bem difícil e há muito o que aprender.

De muitas formas distintas, essas Super 7% são mulheres excepcionais, e sinto uma admiração enorme por elas. Não são apenas extremamente inteligentes e competentes, são também pessoas autoconscientes, que conhecem a si mesmas e sabem onde e como precisam trabalhar a fim de ser autenticamente bem-sucedidas. Conhecem e impulsionam seus pontos fortes e são não apenas espertas, como também sensatas em relação aos outros (sobretudo os homens), e sabem como trabalhar com as pessoas de modo a extrair o melhor delas. São fortes, resilientes e corajosas, e não têm medo de defender aquilo em que acreditam ou testar coisas mesmo diante da possibilidade de falhar. Elas não levam o trabalho para o lado pessoal e estão dispostas a trabalhar exaustivamente durante horas e ficar longe de casa e da família (a tal ponto que algumas mulheres e homens talvez nunca estejam dispostos a "vencer"). Se essa é a linha divisória para mulheres vencerem no trabalho, então ela é bem alta. Podemos admirar e aprender com as mulheres do grupo das Super 7%, mas a realidade atual é que elas são tão poucas quanto uma espécie rara de animal. Se os 7% ficarem mais parecidos com 50%, os homens também precisarão ajudar a baixar a linha divisória que, atualmente, é bem mais alta do que deveria.

11

Irmãs (não) estão cuidando umas das outras[1]

Mulheres falam muito sobre "sororidade". Porém, receio dizer que, em 27 anos de carreira até agora e deixando de lado o que ouvi das mulheres do grupo das Super 7%, não percebi muitas evidências de sororidade no ambiente de trabalho. Sabemos como é importante que mulheres atinjam cargos de gerência e ajudem outras a terem o mesmo sucesso. Mulheres precisam de mentoras *do sexo feminino* para ter êxito. Boris Groysberg, professor da Harvard Business School, conduziu um estudo com mil mulheres analistas de ações e descobriu que a maioria das que atingiram altos cargos tiveram mentoras, e que

> homens que orientam mulheres não podem oferecer muita coisa em termos de apoio psicológico – como lidar com o sexismo, por exemplo, ou como equilibrar carreira e família.[2]

No entanto, apesar disso, muitas mulheres me dizem que não acreditam que o fato de haver mulheres no topo levaria mais mulheres a seguirem seus passos. Várias mulheres afirmam que o pior chefe que tiveram, e mais desmotivador, foi uma mulher. E uma coisa bem humilhante para as mulheres é que os homens veem essa falta de apoio (e, pior, até mesmo animosidade) e comentam a respeito, dizendo que as mulheres estão "ocupadas demais discutindo" para pôr a mão na massa e são "ciumentas e ameaçadas demais" para se apoiarem.

Não acho que isso seja apenas triste e vergonhoso, acredito que seja um dos outros motivos importantes pelos quais os homens vencem no mercado de trabalho, e as mulheres, não. Os homens estão por aí apoiando e promovendo seus minieus, mas não há mulheres suficientes fazendo o mesmo por outras. Sororidade é o oposto disso. Mesmo quando colocamos mulheres em cargos mais importantes, não aproveitamos o fato para ajudar mais mulheres a subir e nos conduzir a uma divisão de gênero mais igualitária. Em muitos casos, as mulheres que estão tendo sucesso lá no topo não estão apoiando outras mulheres. Que vergonha, meninas. Como disse Madeline Albright, primeira mulher a se tornar secretária de Estado nos EUA, "há um lugar especial no inferno para mulheres que não ajudam outras mulheres".[3]

> Os **homens** estão por aí **apoiando** e **promovendo** seus **minieus**, mas não há **mulheres suficientes** fazendo o **mesmo** por **outras**.

Então, por que não há mais mulheres apoiando outras mulheres e ajudando-as a ter sucesso?

Vimos que algumas mulheres têm fobia de feministas e apenas não querem ser associadas à causa de gênero, acreditando que isso as faça parecerem fracas. Elas preferem "estar acima" dessas questões por medo de serem vistas como parte delas, por receio de que se presumirá que elas estejam falando de maneira pessoal em prol de si mesmas, e não pela igualdade de gênero de forma geral. Para mim, isso é o mesmo que não querer ser associada a mulheres e não ter orgulho de/não querer ser vista como mulher – elas preferem ser vistas como "um dos rapazes", porque é mais seguro. Na minha opinião, qualquer mulher que se sinta e aja dessa maneira não está apenas deixando de apoiar outras mulheres, como também as traindo e traindo a si mesma. Você deve sentir vergonha se, como mulher, teve a sorte de conseguir um cargo importante e não está reconhecendo essa bênção e impulsionando seu sucesso e cargo para ajudar outras.

Tenho uma teoria de que falta sororidade porque mulheres bem-sucedidas são mais raras que homens bem-sucedidos, portanto, essas mulheres sempre foram acostumadas a ser a "abelha-rainha" ou a "mulher especial" em um grupo predominantemente masculino. Desde quando se lembram, quase sempre foram as únicas mulheres fortes e confiantes. Talvez elas se sintam ameaçadas ao deparar com outra "mulher especial" na equipe. Elas costumavam trabalhar e competir com homens, mas não tanto com outras mulheres; de certa forma, talvez elas não queiram ver outra mulher ser ou se tornar tão "especial" como ela é (ou, possivelmente, ainda mais bem-sucedida e especial). Também é possível que a competição seja menos saudável entre mulheres por conta da escassez de cargos seniores para elas, enquanto homens veem outros homens nesses cargos em todos os lugares e, portanto, têm uma percepção maior de que o sucesso é farto. Quando fazemos parte de um grupo bem-sucedido, podemos ficar contentes e até orgulhosos das outras pessoas – porém, quando vemos outros em ascensão e êxito em um ambiente de escassez, naturalmente reagiremos de forma menos positiva e, inclusive, com inveja e medo.

> " Como disse Madeline Albright, **primeira mulher** a se tornar **secretária** de **Estado** nos **EUA**, 'há um lugar especial no inferno para mulheres que não ajudam outras mulheres'. "

Outra hipótese é que essa competitividade nociva entre mulheres novamente remonte ao início de nossas vidas e, em certa medida, a nossa biologia reprodutiva. Sabemos que a missão biológica original dos machos de uma espécie é "espalhar suas sementes" o mais longe possível, engravidando todas as fêmeas e gerando a maior quantidade possível de filhotes, a fim de que sua espécie sobreviva e prospere. Enquanto isso, a prioridade da fêmea da espécie é garantir que o filhote esteja seguro e saudável, para que um dia ele possa continuar o ciclo de gerar e contribuir com mais filhotes à espécie. Para isso, a fêmea teve de construir um ninho e garantir que houvesse comida para o filhote. Para esse fim, ela precisou de um macho – que, é claro, tinha dificuldades para ficar parado, já que seu impulso natural era espalhar sementes por aí. Assim, a fêmea foi originalmente programada para dar duro e competir pelo macho mais forte (e ganhá-lo) e, depois, mantê-lo longe de outras fêmeas, suas concorrentes na função importante de mãe e contribuidora da espécie. Evidentemente, aqui a competição é uma dinâmica-chave tanto para machos como para fêmeas, mas novamente a mentalidade da escassez criada pela missão da fêmea gera potencialmente um instinto mais defensivo e ciumento. Talvez, em algum nível, as mulheres tenham conservado esse sentimento em relação a outras mulheres como concorrentes quando estão no ambiente dos homens, e isso é o que agora vemos se manifestando no ambiente de trabalho quando percebem que uma mulher é superior a elas ou quando atinge uma posição que elas sentem que ameaça as suas próprias.

Bom, tremo só de pensar nessa teoria, como tenho certeza de que a maioria das mulheres tremam, mas, para ser honesta, já vi mulheres agirem desse jeito degradante, competitivo e até mal-intencionado em relação a outras a ponto de desprezar que existe algo acontecendo por baixo da superfície. Vi no trabalho e, talvez de maneira mais perceptível, nos esportes. Sou fã ardorosa de *netball* – joguei por quase 40 anos e me esforço para promovê-lo como uma maneira perfeita de fazer meninas praticarem esportes (falarei mais sobre isso depois), então me dói ver alguns comportamentos femininos que vez ou outra presenciei nos bastidores do jogo. Ao longo dos anos e em ocasiões variadas, ouvi comentários e vi e-mails trocados entre mulheres organizando torneios (que deveriam ser divertidos e agradáveis) em que criticavam outras mulheres de um jeito bem pessoal por "sempre se comportarem assim ou assado", ou dizendo "não sei quem ela pensa que é".

Eu realmente odeio ouvir e ver coisas do tipo acontecendo entre mulheres, mas infelizmente as vi acontecer com frequência demais para varrer para baixo do tapete e fingir que elas não ocorrem – e devo admitir que, quando acontecem, certamente elas têm um ar de competitividade e ciúme, como uma tentativa de garantir que nenhuma mulher possa "se achar a tal" ou, sem dúvida, não ser considerada "melhor que eu". Eu me perguntei se esse tipo de coisa acontece quando meninos e homens se reúnem aos sábados para um torneio de futebol e, sinceramente, não acredito nem por um segundo que aconteça. A maioria dos homens simplesmente não se comporta assim em relação a outros. Eles só querem se divertir, fazer um pouco de exercício, tomar uma cerveja e conversar sobre o jogo depois – e, se algo der errado, talvez eles façam uma crítica rápida a alguém, provavelmente com humor e piadas, e fim de papo. Não surpreende que mais adolescentes meninos do que meninas continuem jogando e gostando de esportes. E também não surpreende que nós, mulheres, não tenhamos sororidade no ambiente de alto risco do trabalho e da carreira se nem sequer conseguimos tê-la ao organizar um fim de semana divertido com eventos esportivos.

Outra teoria é que o nível geralmente mais baixo de confiança de uma mulher afete sua capacidade de ter uma competição "saudável" com outras da maneira como os homens têm (especialmente se essa confiança é frágil). Ver outras mulheres fortes e talentosas, e aparentemente confiantes, arruína a confiança de uma mulher? Criticar outras mulheres a fim de rebaixá-las e renivelar as coisas faz com que ela se sinta melhor? O nível geralmente mais elevado de confiança que percebemos nos homens significa que eles não sentem esse ciúme nem a necessidade de rebaixar outros homens? Sabemos que os homens podem ser extremamente competitivos por todos os motivos discutidos, mas talvez a competitividade deles se manifeste de uma forma diferente, fundamentada na autoconfiança e, portanto, mais direta e saudável que a versão feminina.

Essas são as melhores hipóteses que tenho sobre o motivo de as mulheres não apoiarem e promoverem umas às outras da maneira como os homens o fazem. Mas o que certamente sei é que as mulheres precisam abandonar o que quer que esteja estimulando esse comportamento e começar a cuidar de suas irmãs, porque os homens sem dúvida estão cuidando dos seus. Se continuarmos nessa toada, acho que podemos perceber qual gênero continuará se dando bem no trabalho e obtendo os melhores empregos. Este post no Pinterest parece um bom jeito de encerrar este capítulo: "Uma mulher forte defende a si mesma. Uma mulher ainda mais forte defende outras mulheres!". Há muitos motivos para a desigualdade de gênero pelos quais podemos culpar os homens, mas resolver este problema específico é um ônus que cabe totalmente a nós, garotas – e será uma vergonha se não o fizermos.

12

A parte cruel

Vimos muitos motivos pelos quais é tão difícil para as mulheres vencerem no mercado de trabalho, mas a parte mais cruel de tudo isso é que, mesmo que elas compreendam esses motivos, tentem reaplicá-los e os copiem, ainda assim não conseguem vencer. Isso porque o que funciona para os homens não necessariamente dá certo para as mulheres, e as que tentam fazer o que os homens fazem são muitas vezes criticadas e antipatizadas. Portanto, garotas, esta é a parte cruel – existe um "jeito masculino" de proceder que leva a aumentos salariais e progressos; porém, se uma mulher tenta adotá-lo, talvez seja antipatizada e punida. A autora Dra. Halee Gray Scott resume isso desta forma:

> O que funciona para os **homens** não necessariamente dá **certo** para as **mulheres**, e as que tentam fazer o que os **homens** fazem são muitas vezes **criticadas** e **antipatizadas**.

> Para ser bem-sucedida, é preciso que gostem de você, mas para que gostem de você é preciso atenuar seu sucesso.[1]

Como mostramos anteriormente, nem sempre as mulheres gostam de ver outras mulheres alcançando o sucesso. Como duas mulheres descobrem em *Tall Poppies*, o problema em se destacar demais é que as pessoas tentarão reduzir seu tamanho.[2] E todos nós conhecemos mães do lar que falam mal de mulheres que trabalham – quantas vezes ouvimos uma mulher dizer: "para que ter filhos se você nunca vai estar por perto para cuidar deles?".

Alexandra Burke, no *Strictly Come Dancing*,[3] de 2017, foi um exemplo perfeito de "pessoa de destaque". Apesar de ser uma dançarina extremamente brilhante e obter notas máximas do júri, Alexandra Burke ficou por último em duas apresentações por duas semanas consecutivas – e foi vítima de vários comentários asquerosos na mídia. E, quando chegou a final, havia três mulheres fantásticas e um único homem, e, adivinhem, o homem venceu. O vencedor, Joe McFadden, parece um homem muito simpático, e sua dança se aprimorou imensamente durante o andamento da competição, mas acredito que qualquer um fosse capaz de enxergar que Alexandra Burke estava em outro nível. Infelizmente, ela aprendeu do jeito mais difícil que ser excelente em alguma coisa como mulher não necessariamente a tornará popular, sobretudo entre outras mulheres (a votação do *Strictly Come Dancing* é uma das poucas coisas na vida em que mulheres são a maioria![4]). Como nos diz a professora Iris Bohnet:

> Hoje em dia, dezenas de estudos têm demonstrado que mulheres precisam escolher entre competência e apreciação.[5]

Não podemos evitar a realidade de que ser apreciada (ou, ao menos, não antipatizada) é uma consideração importante para as mulheres. Em 2015, a atriz Jennifer Lawrence falou sobre por que permitiu que lhe pagassem menos em comparação com seus colegas homens coadjuvantes por um papel principal em *Trapaça*:

> Eu estaria mentindo se não dissesse que quis que gostassem de mim e que isso influenciou minha decisão em fechar o contrato sem brigar. Não queria parecer difícil ou mimada.[6]

Talvez o medo de não ser apreciada seja outro vestígio dos primórdios da sociedade, quando não podíamos correr o risco de sermos impopulares na comunidade de mulheres por nossa própria proteção e sobrevivência. De onde quer que esse medo venha, ele ainda parece muito presente na psique das mulheres.

Falamos a respeito do abismo salarial real e significativo entre homens e mulheres, e sobre mulheres serem muito menos propensas a discutir ou solicitar um aumento de salário – e, mesmo quando o fazem, elas são muito menos propensas a receber um, ou então vão receber menos que um homem receberia. Mas você sabe o que é ainda mais cruel que isso? Pesquisas têm mostrado que as pessoas aceitam que os homens peçam aumentos salariais, mas não gostam quando mulheres pedem uma remuneração melhor, porque isso viola as normas de gênero, portanto, a preferência é por funcionárias do sexo feminino que não fazem esse pedido.[7] Na mesma linha, foi feito um experimento sobre as pretensões salariais dos funcionários no momento da contratação. Isso não teve efeito algum na maneira como os homens foram percebidos, mas a percepção das mulheres foi negativa. Portanto, mulheres não saem ganhando de forma alguma – elas não recebem remuneração igual porque não a pedem, mas, quando pedem, não a conseguem e são antipatizadas por terem pedido (talvez, de certa forma, as mulheres sintam isso, e esse seja o motivo de não pedirem!). Também não funciona para as mulheres quando finalmente superam sua crença no "mito da meritocracia" e tentam se candidatar a um emprego – uma pesquisa da Lean In/McKinsey de 2016 com 34 mil funcionários descobriu que mulheres que negociavam promoções eram 30% mais propensas que homens a serem consideradas intimidantes, mandonas ou agressivas.[8]

Mulheres também não vencem quando se trata de decidir como se vestir. Se de alguma forma elas mostram qualquer evidência de que são, de fato, mulheres com corpos de mulher, são consideradas "femininas demais" e não são levadas a sério. Sarah Palin foi descrita como "sexy demais para a Casa Branca"[9] e o *Washington Post* comentou sobre o "decote perfeito" de Hillary Clinton em uma foto onde era possível ver menos de meio centímetro de "decote".[10]

Um advogado que conheço me contou sobre o "poder das saias", que aparentemente é uma piada interna entre seus colegas homens que eles contam quando uma mulher atraente, de saia curta e justa, comparece a uma reunião, dando a entender que ela está lá meramente para distrair os oponentes, e não por ter qualquer opinião ou insight para acrescentar à discussão.

Como mulher, essas coisas me arrepiam a espinha. Ao mesmo tempo que isso me faz sentir a necessidade de usar apenas camisas de gola alta em quaisquer interações posteriores com homens na empresa, também me deixa extremamente irritada por eles conseguirem nos causar essa sensação. E, naturalmente, nem assim as mulheres venceriam, porque, se de fato adotássemos a estratégia das camisas de gola alta, seríamos consideradas pouco femininas. Talvez seja uma estratégia bem-sucedida do ponto de vista do desenvolvimento da carreira (a revista *Forbes* acredita que o "estilo antiquado de Angela Merkel demonstrou ser um trunfo em sua carreira"[11]), mas a maioria das mulheres que conheço não quer ser vista como não feminina e "masculinizada" – elas querem permissão para ser mulheres e querem ainda que isso não seja algo negativo ou determinante em suas carreiras. Na minha opinião, isso não é pedir muito.

Outra questão. Lembra-se de que discutimos a importância de falar durante as reuniões como algo que inconscientemente valorizamos como "sinal de liderança", e como algo que se provou que mulheres são menos propensas a fazer e com menor frequência que os homens? Bem, adivinhem? Quando mulheres agem assim, isso não é recebido de maneira positiva. Victoria Brescall, da Universidade de Yale, descobriu que executivos homens que falavam em reuniões recebiam avaliações mais altas de competência, e, acredite se quiser, as executivas mulheres recebiam avaliações mais baixas de competência (de homens e mulheres, aliás!).[12]

Suspeito que o fator confiança também esteja dando as caras por aqui, e as mulheres que se manifestavam não o faziam com o nível de autoconfiança dos homens. Também é provável que a equação confiança *versus* competência esteja em jogo – perdoamos muito mais homens confiantes de pouco conteúdo do que o excesso ou a falta de confiança em mulheres (não importa o quão sólidos sejam sua competência e seu conteúdo). Parece que, quando se trata de homens, mulheres e conteúdos dignos de serem ouvidos:

> Um o tem até perdê-lo, enquanto o outro não o tem até que o prove.[13]

Não há dúvida de que falar em reuniões seja um sinal de assertividade, e foi provado que, nas mulheres, isso é um aspecto desagradável. Quantas vezes você ouviu uma mulher ser chamada (ou mesmo se autodenominar) de mandona, emotiva, insistente ou "difícil"? Theresa May foi descrita pelo colega Ken Clarke como "um osso duro de roer", e eu já fui chamada de todas essas coisas. Laura Bates observa o mesmo fenômeno: "misteriosamente a assertividade se torna estridência, e a tenacidade se transforma em queixume ou histeria".[14] Todas essas são palavras negativas associadas à antipatia, e simplesmente não as ouvimos serem usadas para descrever os homens. As mesmas características seriam descritas com palavras positivas e de admiração, como entusiasmado, controlado, assertivo ou obstinado.

As pessoas também não ficam à vontade com mulheres que buscam o poder. Acho que Hillary Clinton seja um ótimo exemplo disso – aparentemente ela sempre foi popular nas funções que ocupava, e sempre foi considerada uma pessoa muito competente, mas sempre antipatizada quando se apresentava como candidata. Uma pesquisa feita após sua derrota nas eleições presidenciais mostrou que é difícil mulheres assertivas e ambiciosas serem consideradas simpáticas, portanto, elas são percebidas como pessoas desprovidas de alguma qualidade intangível da liderança.[15] Parece que os homens, infelizmente, nem sempre gostam de ver força demais nas mulheres, preferindo que nos comportemos de um jeito mais dócil. Uma de minhas grandes amigas adquiriu total confiança desde que entrou na empresa alguns anos atrás, mas muitas vezes seus colegas homens lhe dizem, tristemente, que ela costumava ser muito simpática, doce e sorridente. Lembro-me de uma jovem gerente de RH me contando que um dos homens da plateia lhe disse para sorrir durante uma apresentação importante que ela estava fazendo. Uma pergunta às mulheres que estão lendo isto: quantas vezes na vida lhe disseram para sorrir ou "se animar" enquanto caminhava pelas ruas? E os homens...? Foi o que pensei.

Ah, e os céus proíbem que uma mulher vá tão longe a ponto de expressar raiva no ambiente de trabalho (porque não há nada de que possamos ter raiva, não é?). Victoria Brescall também descobriu que o salário de um homem irado é mais de 50% maior que o de uma mulher irada:

Quando mulheres expressam raiva no trabalho, podem ser vistas como descontroladas. [...] é quase esperado que os homens sintam raiva. Um homem que fica furioso no trabalho pode ser admirado por isso.[270]

Portanto, uma mulher é "agressiva demais se fica com raiva e fraca demais se chora".[17] Consequentemente, o que vemos é que as mulheres vivem em uma tentativa constante de evitar serem rotuladas como "difíceis" ou "choronas". Somos ensinadas desde a infância que os homens gostam de mulheres que sorriem, e que eles não gostam de mulheres tediosas. Porém, se as mulheres só ficarem sorrindo com doçura e não demonstrarem força, nunca conseguiremos dizer ou fazer nada importante – e, se as mulheres forem fortes e difíceis, seremos antipatizadas. Em última instância, nenhuma opção vai nos tornar bem-sucedidas. Cruel.

> Uma **mulher** é 'agressiva demais se fica com **raiva** e **fraca** demais se chora'. Consequentemente, o que **vemos** é que as **mulheres** vivem em uma tentativa **constante** de evitar serem **rotuladas** como '**difíceis**' ou '**choronas**'.

Sarah Cooper tem vários conselhos na ponta da língua para nós sobre como lidar com essa realidade dolorosa e com becos sem saída em *How to Be Successful Without Hurting Men's Feelings* [Como ser bem-sucedida sem ferir os sentimentos dos homens, em tradução livre][18] :

Seja vigilante em relação a se esconder. (Não você inteira, só a parte feminina... a sua parte.) Suba os degraus de sua carreira e quebre o teto de vidro, mas faça isso em silêncio e com cuidado. Temos de ser simpáticas, mas não tão simpáticas; incríveis, mas não tão incríveis; e totalmente à vontade em nossa própria pele, contanto que nos encaixemos nela. Deixe seu CV neutro. Certifique-se de que ele não grite "mulher". Use iniciais em vez de seu primeiro nome completo. Evite todos os pronomes. Substitua sua foto. Uma excelente maneira de remover o estigma de mulher poderosa é se dar um título fofinho e feminino, que lembre os investidores de que, sim, você é uma líder, mas ainda é mulher (p. ex. Mãepreendedora). Aliança: tire-a. Isso vai ajudá-la a conseguir aquela cara de "eu não vou engravidar logo". Sorriso: não insinuante demais, não valentão demais. Penteado: não pode ser sexy demais, nem sem graça demais. Voz: não alta demais (muito ameaçador), não suave demais (falta confiança). O tom de voz é uma armadilha para as mulheres. Nossa voz normal é naturalmente estridente e chata, ou grave demais e não suficientemente feminina. Precisamos praticar constantemente para falar em um tom que seja agradável aos ouvidos masculinos. Na verdade, poderemos praticar pelo resto da vida, já que esse tom ainda não foi descoberto. Se você não levar créditos suficientes, não parecerá qualificada, mas, se tiver crédito demais, parecerá arrogante. Salário: se você pedir para negociar, parecerá exigente. Mas, se não negociar, as pessoas pensarão que você não se valoriza. Tudo tem a ver com encontrar aquele equilíbrio perfeito que não existe.

Por mais que tudo isso tenha me feito rir alto quando li, a base é uma verdade sombria que, na realidade, não é nem um pouco engraçada. Todos os dias ouvimos que somos "alguma coisa demais" – mandonas demais, agressivas demais, assertivas demais, emotivas demais –, palavra que nos diz que demos um passo fora do papel feminino esperado e que é uma tentativa (frequentemente bem-sucedida) de nos controlar, de nos dizer que isso é ruim e nos fazer desistir. Em seu artigo "Bloody Difficult Women" [Mulheres osso duro de roer, em tradução livre], Sarra Manning (autora de *The Rise and Fall of Becky Sharp* [A ascensão e a queda de Becky Sharp, em tradução livre], a versão moderna de *Vanity Fair*) faz uma colocação brilhante a respeito:

> A impressão que tenho é que, quando uma mulher está no auge da vida, sempre há um homem dizendo que há algo excessivo nela. Que, na verdade, seria melhor se ela fosse um pouco menos. Mas ficar limando partes de si mesma que os outros acham desagradáveis significa que, no fim, perde-se de vista quem você é e quem poderia ser. É muito melhor ter fama de difícil do que passar a vida dançando conforme a música alheia.[19]

"Simpatia não é um aluguel que mulheres deveriam ter de pagar para ocupar espaços no mundo". Chimamanda Ngozi Adichie tem uma mensagem similar em seu apelo sobre como deve ser a criação de uma filha:

> Ensine-a a rejeitar a simpatia. Sua função não é ser simpática, e sim uma versão completa de si mesma. Mostre a ela que nem todos precisam gostar dela. Diga-lhe que, se alguém não gosta dela, haverá outras pessoas que gostarão. Ensine-lhe que ela não é um mero objeto para ser ou não apreciada, ela também é um sujeito que pode apreciar ou não apreciar.[20]

No entanto, é difícil pedir a mulheres, ou na verdade a qualquer pessoa, que não se importem com o fato de serem ou não apreciadas – sem dúvida isso é um impulso humano fundamental. Para mim, a questão principal aqui é que as mulheres às vezes *são* antipatizadas por exibirem características consideradas simplesmente normais, ou até admiráveis – mas só se for em um homem. A solução não é as mulheres ficarem treinando para parar de se preocupar com o fato de serem ou não apreciadas, mas que nos acostumemos a ver mulheres agindo dessa forma. Isso significa que precisamos ver mais mulheres em cargos de liderança, para que se torne normal uma mulher executar esses cargos e ser vista executando-os do mesmo jeito que parece normal vê-la com um bebê no colo. Paramos de vê-la como antipática e de descrevê-la como mandona, insistente ou masculina demais e começamos a pensar nela como líder. Portanto, devemos lutar pela igualdade de gênero não apenas porque isso fortalecerá empresas e a sociedade, mas também porque precisamos criar uma profecia autorrealizável nova e positiva.

A profecia autorrealizável de hoje é que as poucas mulheres que conseguem cargos importantes acham difícil ter sucesso, porque não há líderes mulheres o

> "Precisamos de mais **mulheres** em **cargos importantes** para que possamos **aprender** e ficar à **vontade** com a maneira como **líderes mulheres** se **comportam**."

bastante a ponto de torná-las figuras "normais" e reconhecíveis, a fim de serem admiradas e apreciadas em vez de alvos de desdém e crítica. Precisamos de mais mulheres em cargos importantes para que possamos aprender e ficar à vontade com a maneira como líderes mulheres se comportam. Precisamos que mulheres em seu estado natural sejam reconhecidas e respeitadas como líderes. Assim como os homens são.

13

Afinal, por que os homens se dão melhor que as mulheres no mercado de trabalho?

Os homens não vencem no mercado de trabalho porque são uma força do mal tentando conscientemente deter as mulheres e impedi-las de ter sucesso, a fim de ficar com todos os empregos bons e o dinheiro para si. Então, por que isso acontece? Na maioria dos casos, os motivos são involuntários, inconscientes e até invisíveis. Como sociedade, ou ainda estamos negando que a desigualdade de gênero seja uma questão importante, reduzindo sua relevância, ou desviando a discussão para outras questões. Ainda há mulheres negando que isso seja um problema e sabotando mulheres que estão tentando lutar contra ele. Muitas de nós têm "fobia de feministas".

> Como **sociedade**, ou ainda estamos **negando** que a **desigualdade** de **gênero** seja uma questão importante, reduzindo sua **relevância**, ou **desviando** a discussão para outras **questões**.

Felizmente, a maioria dos homens não se identifica com os predadores do #MeToo e com aqueles que causam os danos da base da pirâmide, com os quais nunca contribuiriam – e alguns acham que isso significa que eles podem deixar de se envolver em outras questões sobre desigualdade de gênero com as quais todo homem deveria contribuir (inclusive homens bons e bem-intencionados).

A desigualdade de gênero persiste como profecia autorrealizável por conta da porcentagem ínfima de modelos femininos e da representatividade que temos em cargos importantes e na mídia. Mesmo que os dados revelem que a diversidade de gênero é um ganho para todos (homens e mulheres), que ela fortalece as empresas, organizações e a sociedade e melhora nossas vidas, ainda não internalizamos e abraçamos de fato essa questão, não fazendo dela uma prioridade. Uma pesquisa da McKinsey revelou que apenas 40% dos sócios seniores e 25% dos gerentes consideravam a diversidade prioritária[1] – não é interessante que os líderes sejam tão curiosos e examinem a maioria das outras questões empresariais, mas não a desigualdade de gênero, que provavelmente é a maior oportunidade de crescimento que possuem? Mesmo quando vemos alguns esforços nessa seara, como diz Helena Morrissey: "diversidade e inclusão geralmente são tratados como melhorias, não como cruciais para o sucesso nas empresas".[2] Da mesma forma, por muitos motivos inconscientes, os homens acreditam que homens sejam melhores – porque são como eles, e semelhante atrai semelhante. Considerando que os homens detêm a maioria dos cargos altos e, portanto, a maior parte das decisões relacionadas a contratações e promoções, isso se torna outra profecia autorrealizável.

Em seguida, há o poder invisível da cultura, em que os membros do grupo dominante (homens brancos, na maioria dos ambientes de trabalho) conseguem se sentir incluídos e à vontade, além de relaxados, confiantes e autênticos, e, portanto, atuar. Enquanto isso, o grupo não dominante (mulheres) não se sente à vontade e é excluído, não se sente confortável e confiante e, portanto, não faz o melhor que pode e muitas vezes sente necessidade de tentar "se encaixar"; agindo assim, compromete a própria autenticidade. Assim, os homens (dominantes) parecem ter um melhor desempenho. Além disso, a presença de homens (que muitas vezes é dominante) acaba minando a confiança e o desempenho das mulheres.

Todos nós trazemos preconceitos inconscientes para o ambiente de trabalho, que favorece os homens e não as mulheres – e, sem nos darmos conta, isso direciona nossas opiniões e decisões em ações em detrimento das mulheres. Também há algumas diferenças biológicas entre homens e mulheres que impactam reações a estresse, conflito, tomada de riscos, poder e hierarquia, competição agressiva, feedback externo e também a falta de confiança, sensibilidade, respostas emocionais e necessidade de conexão e colaboração, o que pode levar os homens a serem considerados "mais fortes".

E, naturalmente, não há como negar que os homens em geral *são* mais fortes em termos físicos – o que instila um medo subconsciente dos homens em algumas mulheres. Isso pode afetar a maneira como uma mulher reage e até que ponto ela está disposta a manifestar suas opiniões em vez de abandoná-las *versus* até que ponto um homem está disposto a fazer o mesmo (e, portanto, demonstrar uma atitude corajosa de liderança).

Um fator crucial é quando a confiança superior masculina é confundida com competência, e a "*gravitas*" impulsionada pela testosterona e o estilo de comunicação são vistos como liderança. O exemplo mais claro é que os homens sabem como "fazer boas reuniões" – sua atuação é considerada mais forte em comparação com a das mulheres, que estão falando menos, estão mais quietas e sendo interrompidas antes de contribuir com suas opiniões. Eles são vistos como melhores líderes.

Muitas mulheres, por sua vez, acreditam no mito da meritocracia, que a vida funciona como na escola e que tirar nota "A" é o bastante – enquanto os homens sabem que essa ideia é ridícula na realidade do ambiente de trabalho. Eles compreendem o que atrai o sucesso nesse ambiente; entendem que ser competente e fazer um bom trabalho são apenas "apostas", e que também é preciso investir em networking, em relações com "patrocinadores" e em marketing pessoal para garantir que sejam notados "sob o guarda-chuva" e fiquem à frente na votação para cargos e promoções. Homens também se sentem mais à vontade para discutir e negociar salários, então recebem mais (às vezes, muito mais). Ficamos esperando que as mulheres "sejam como homens" e se sintam igualmente à vontade com marketing pessoal, autopromoção, networking e negociações salariais.

> " Muitas **mulheres** [...] acreditam no **mito** da **meritocracia**, que a vida funciona como na **escola** e que tirar nota 'A' é o bastante – enquanto os **homens** sabem que essa ideia é **ridícula** na realidade do **ambiente de trabalho**. "

E, nesse meio-tempo, continuamos a recompensar os homens antes de fazer o mesmo com as mulheres. E ficamos esperando que mulheres façam tudo isso e também um bom trabalho, além de assumir a maior parte das tarefas domésticas e do cuidado com os filhos – sem perceber que isso as leva a estresse, exaustão, doenças e, em alguns casos, faz com que elas desistam da carreira.

Em geral, os homens têm mais tempo para fazer networking, porque assumem menos tarefas domésticas e cuidados com os filhos. Ver que os homens conseguem os melhores trabalhos, as promoções e os salários mais altos antes delas faz com que as mulheres se sintam frustradas e desvalorizadas. E, às vezes, isso as leva a desistir de subir na carreira ou, mesmo, desistir da carreira como um todo – especialmente se tiverem o "atrativo" dos filhos de quem poderiam estar cuidando. O fato de não existir "sororidade" de fato também não ajuda – as mulheres que chegam lá nem sempre apoiam outras mulheres que estão na retaguarda (pior ainda, às vezes elas as prejudicam), enquanto os homens estão apoiando e promovendo seus "minieus" masculinos. Também não ajuda o fato de mulheres tentarem aplicar estratégias para se dar bem no trabalho que funcionam para homens e, então, acabarem sendo criticadas e antipatizadas por todos, tanto homens como mulheres. E ser antipatizada não é algo que a maioria das mulheres aprecie ou deseje para si.

Todas esses aspectos são responsáveis pelo teto invisível que existe para as mulheres – não se pode vê-lo, mas ele está lá.

Não existem tantas mulheres como as Super 7%, que conseguem cargos de CEO ou equivalentes e optam por fazer algumas das coisas inteligentes que os homens fazem e muito mais. Elas não são apenas uma combinação incrível de inteligência e competência, mas também "Mulheres Autênticas" que foram fortes o suficiente para continuar sendo elas mesmas, autoconscientes o bastante para conhecer e impulsionar seus pontos fortes pessoais (inclusive trabalhar com pessoas e gerenciá-las) e cientes do tipo de ambiente e cultura em que vão prosperar e ter sucesso. Elas têm força e resiliência imensas e não se deixam paralisar pelo medo de falhar, com uma atitude do tipo "é só trabalho". Elas têm estratégias claras para lidar com homens e, portanto, não os temem (nem precisam temê-los), e também não assumem um fardo pesado em casa ou no cuidado com os filhos. Essas mulheres maravilhosas que possuem essa combinação esplêndida são espécies muito raras – e se estivermos esperando que as mulheres sejam *tudo isso* para obter a parcela justa dos melhores empregos, o patamar delas está alto demais em comparação com o dos homens. Não surpreende que eles continuem ganhando a corrida.

Há, também, algumas coisas que acredito que os homens façam melhor que as mulheres no trabalho, umas "leis da selva profissional" que os homens conhecem e executam, e as mulheres (em sua maioria), não. Estive em muitas reuniões de nível sênior com homens e mulheres e, conforme fui ficando cada vez mais ciente da questão da diversidade de gênero, comecei a observar com atenção a maneira como os homens lidavam com discussões e conflitos em comparação com as mulheres. É claro que percebi os resultados da força invisível da cultura predominantemente masculina, mas vi mais que isso. Vi o modo como os homens faziam observações difíceis, que poderiam ter sido incendiárias, de um jeito muito suave e diplomático que envolvia toda a sala, enquanto muitas vezes as mulheres (quando reuniam coragem e energia para ir em frente e fazer uma colocação polêmica) faziam isso de um jeito ácido e prejudicial que ofendia as pessoas e levava a uma discussão não construtiva (sem seguir o conselho de Lois P. Frankel em *Nice Girls Don't Get the Corner Office* [Mulheres boazinhas não conseguem os melhores cargos, em tradução livre] sobre "discordar sem ser desagradável").[3] Não estou dizendo que todos os homens que já vi em reuniões ficassem calmos todas as vezes, mas, quando se alteravam, pareciam muito mais à vontade para expressar raiva. Isso passava a impressão de que eram líderes fortes, em contraste com as mulheres, que ficavam com o rosto vermelho e sentiam vergonha da raiva (meninas e mulheres têm menos exemplos femininos sobre como expressar a raiva saudável). Em geral, os homens lidavam com essas coisas melhor que as mulheres, evitando conflito explícito e gerindo coisas difíceis individualmente.

Também vi como os homens eram capazes de discordar de maneira acalorada em uma reunião sem que isso os impedisse de "continuar amigos". Fiquei fascinada ao ler *Sir* Oliver Letwin descrevendo Boris Johnson como "um homem totalmente encantador" durante suas discussões e desentendimentos extremamente tensos.[4] Acredito que não haja nenhuma dúvida de que esse jeito "masculino" tranquilo e afável de lidar com as coisas seja superior. Acredito que a causa seja o fato de que os homens não levam as coisas para o lado pessoal como algumas mulheres levam, e de que são capazes de separar o trabalho do pessoal e deixar as emoções de fora. Eles veem os negócios e o trabalho como um jogo e dançam conforme a música. Ao longo dos anos, um sem-número de homens me contou que o que fazemos no trabalho não é tão importante em si, e, portanto, basicamente eles estão jogando e se divertindo, e que não devemos levar as coisas tão a sério, tampouco levar para o lado pessoal. Muitas mulheres não enxergam dessa forma e levam tudo muito a sério, e, como resultado de suas emoções intensas e seu apego à causa, ironicamente podem gerenciar as coisas com menos qualidade.

E, se o trabalho não passa de um jogo, podemos argumentar que os homens tendem a se sair muito melhor que as mulheres, porque sabemos que eles têm muito mais prática com esportes e jogos desde cedo. Talvez os meninos não tenham aprendido apenas liderança, resiliência e confiança, mas também anos de prática e experiência por participarem de grupos e influenciarem os outros em relação a coisas polêmicas sem prejudicar a amizade. Talvez as mulheres, que certamente não praticaram muito esporte quando meninas ou não pratiquem muito em geral, não tenham desenvolvido tanto suas habilidades de trabalhar em grupo e lidar com momentos difíceis e discussões polêmicas de maneira construtiva. Essa dinâmica, naturalmente, pode não ter afetado apenas mulheres, mas também alguns homens que não desenvolveram as mesmas habilidades que outros meninos por não praticarem tanto esporte. Será esse o motivo pelo qual vemos mulheres quietas em reuniões, mas fervilhando de frustração e, no fim, explodindo de emoção e furor por não conseguirem mais segurar? (Pessoalmente, já fui chamada de "furiosa demais" por um presidente da empresa.) Indiscutivelmente, esse furor não é controlado e, portanto, não tão impressionante quanto poderia ser. Será que simplesmente não aprendemos e não praticamos as habilidades necessárias a essas situações tanto como os meninos? Quando Laura Bates nos conta, em *Everyday Sexism*, que "quando parlamentares homens discordam, isso é descrito apenas como uma discórdia", enquanto parlamentares mulheres são descritas como "briguentas" em uma "discussão de meninas",[5] devemos descartar essa afirmação por ser meramente sexista ou observar com um pouco mais de profundidade e aceitar que talvez, só talvez e só às vezes, os homens gerenciem melhor as coisas que as mulheres?

Outra questão com a qual os homens parecem lidar melhor é a hierarquia e o lugar que ocupam nela. Um homem me contou que se sente muito pouco à vontade com mulheres no poder que abertamente usam seu cargo sênior para influenciar um resultado, e não conseguiu pensar em nenhum líder do sexo masculino que lidasse com as coisas dessa maneira. Talvez, por todos os motivos que discutimos, algumas mulheres sintam mais necessidade que os homens de "mostrar quem manda" – porém, se o resultado é um estilo masculino de liderança, menos destoante, mais confortável e mais respeitado por quem está na base da hierarquia, novamente deveríamos tomar nota e aprender.

Os homens também são melhores em marketing pessoal e networking – eles são mais espertos que as mulheres quando se trata de compreender que um desempenho excepcional é só um detalhe, e que a moeda do relacionamento é valiosa. Eles reservam um horário do dia para investir nisso, enquanto as mulheres focam o uso do próprio tempo da maneira mais "eficiente" possível. Isso é frustrante para quem está trabalhando mais, mas os homens estão ganhando e conseguindo os cargos melhores e as promoções, portanto, quem é que está sendo mais esperto aqui, afinal? Sim, os homens têm mais tempo para fazer networking por todos os motivos que já abordamos aqui, mas sejamos francos: mesmo que eles dividissem as tarefas domésticas de forma igualitária e sobrasse mais tempo para as mulheres, a maioria delas continuaria não gostando de networking e evitando fazê-lo, e os homens continuariam vencendo nesse quesito.

Os homens também sabem que trabalhar não exige apenas desempenho, mas também... "atuação". Eles sabem que trabalho não é escola e não tem nada a ver com tirar as maiores notas, que eles não sabem tudo (ninguém sabe) e estão à vontade com isso, o que não os impede de sentir confiança e, portanto, de atuar de maneira confiante. Eles não têm medo de falhar e não carregam nenhuma aspiração à perfeição, porque sabem que isso não existe – eles aceitam que às vezes terão de "improvisar" e preencher as lacunas inevitáveis, e que isso não é um problema (tudo faz parte da diversão).

As mulheres têm muito menos experiência na selva profissional do trabalho ao longo de décadas, e também em manobras e politicagem inevitáveis sobretudo em grandes empresas. Sua ingenuidade em focar o trabalho e não jogar o jogo as prejudica e as impede de fazer o progresso que poderiam, ou deveriam.

Os homens também tiveram modelos com quem aprender todas essas coisas – muito mais que as mulheres. Uma de minhas melhores amigas compartilhou comigo um exemplo deveras interessante da importância desses papéis-modelo em nos ensinar (ou não) como lidar com as coisas. Ela é o exemplo emblemático de mulher muito forte que nunca enfrentou problemas de gênero nos anos iniciais da carreira – porém, quando se tornou CEO da empresa, a questão do gênero a acertou em cheio na cabeça. Em uma reunião, ela não estava alinhada com outro homem de alto cargo da empresa, e a abordagem dele foi tentar intimidá-la até que ela concordasse com ele. Ela se sentiu desconfortável com essa agressão, mas revidou e, de forma assertiva, calou a boca dele. Não acredito que algo parecido poderia acontecer entre dois homens e duas mulheres – com outro homem, ele teria lidado com isso na base da "camaradagem" e evitado um confronto público. De maneira similar, ela não teria agido assim com outra mulher. Perguntei o que ela teria feito se fosse eu no lugar dele, por exemplo, e ela não levou mais de um segundo para responder – nunca teríamos chegado ao confronto público, porque, assim que percebêssemos um potencial ponto de discórdia, teríamos pegado o telefone ou um café e resolvido entre nós a situação. Os homens têm muitos modelos e muita experiência em lidar com problemas com outros homens – e as mulheres também têm isso entre si, mas ainda não há modelos "prontos" desse tipo de cenário entre homens e mulheres com que possamos aprender e imitar.

Os homens não se dão melhor que as mulheres no mercado de trabalho porque são inerentemente melhores, mais inteligentes ou mais capazes. Mas eles vêm jogando esse jogo chamado trabalho há muito mais tempo que as mulheres e, na atual conjuntura, ainda estão obtendo significativamente mais prática e mais experiência, e continuarão nesse caminho, a menos que haja uma mudança importante e profunda para romper a profecia autorrealizável da predominância masculina em cargos seniores em todas as áreas. As mulheres precisam ter sua parcela justa dos empregos seniores e dos assentos à mesa, para o benefício de todos nós.

14

E agora, o que diabos faremos a respeito?

Não é incrível quando a ficha finalmente cai? Todas essas mulheres brilhantes estão deixando de ser alavancadas por suas empresas e organizações, mesmo que as melhores delas sejam tão boas quanto os melhores homens – e mesmo com todas as melhorias que a diversidade acrescentaria ao seu desempenho, às empresas, às organizações, aos países e às vidas. Como continuamos permitindo que isso aconteça? Como as mulheres conseguem continuar aceitando isso como "natural" e ficar apenas observando enquanto nossas vidas e o mundo são geridos por homens?

> **Como as mulheres conseguem continuar aceitando isso como 'natural' e ficar apenas observando enquanto nossas vidas e o mundo são geridos por homens?**

Existem alguns motivos importantes pelos quais permitimos que isso aconteça. Em primeiro lugar, nem todo mundo internalizou de fato que a diversidade de gênero é vantajosa para todos, e que o progresso é do interesse de todas as pessoas. Tucídides[1] nos ensinou que as pessoas mudam por três motivos – honra, medo ou interesse próprio. Até que nós, como sociedade, possamos ter um motivo verdadeiro e profundo para mudar, nada vai acontecer, porque, como diz Iris Bohnet, em *Gender Equality by Design* [Desenhando a igualdade de gênero, em tradução livre]:

> Numa análise franca, a mudança de comportamento significa o trabalho que a imensa maioria de nós não está motivada para fazer.[2]

E, minha nossa, precisamos estar motivados para fazer esse trabalho, porque ele é extremamente árduo, além de ser guiado, por assim dizer, por inúmeras influências inconscientes, invisíveis e culturais. Mas nós definitivamente precisamos unir nossas forças para essa missão. As coisas não vão mudar sozinhas se deixarmos que elas simplesmente aconteçam e sigam seu curso. "As ferramentas do mestre nunca desmontarão a casa do mestre", nas palavras de Audre Lorde.[3] Ainda que inconscientemente, o patriarcado continuará se reafirmando e protegendo o *status quo*. Sem uma intervenção séria, as influências invisíveis e inconscientes continuarão mexendo os pauzinhos e alimentando a profecia autorrealizável, e daqui a 100 anos alguém estará escrevendo *Por que ainda é tão difícil para as mulheres vencerem no mercado de trabalho*. Que desperdício esses 100 anos terão sido para todos nós!

Portanto, a pergunta é: como trazer o inconsciente à consciência e como evitar que ele influencie nossas decisões? Como garantir que possamos recompensar e promover as pessoas com base na objetividade, e não em ideias enviesadas? Como intervir de maneira coletiva e viável para remover o teto invisível para as mulheres, a fim de ajudá-las a começarem a sair ganhando no trabalho, e, procedendo assim, colher as recompensas para todos nós?

A boa notícia é que isso é possível. A ONU é uma organização que está nos mostrando o caminho. María Fernanda Espinosa, ex-presidente da Assembleia Geral da ONU, elogiou o salto rumo à total paridade de gênero na organização sob a tutela do secretário-geral António Guterres, dizendo que isso

> provou o fato de que, quando há vontade política e liderança, é possível [...] Pela primeira vez na história, a gerência sênior da ONU contém mais mulheres que homens.[4]

E países em desenvolvimento estão tomando medidas para promover a igualdade de gênero no governo e em instituições governamentais semelhantes – mais que países desenvolvidos, de fato. Na Índia, desde a década de 1990, tem-se exigido que mulheres sejam representadas em pelo menos um terço dos conselhos dos vilarejos.[5] A Ruanda é o primeiro país a ter mais mulheres no governo (44 das 80 cadeiras são ocupadas por mulheres).[6] Na Burberry e na Rightmove, 50% do quadro são ocupados por mulheres. E muitas outras organizações são comprometidas com a igualdade – no fim de 2018, 45 festivais de música internacionais e conferências firmaram um compromisso de obter ou manter um equilíbrio meio a meio de gênero entre os convidados durante os festivais até 2022.

Então, como podemos intervir para impulsionar a igualdade de gênero? Primeiramente, a solução *não* é apenas estar ciente da questão. Estar ciente não nos faz mudar comportamentos. Infelizmente, mesmo compreender genuinamente a questão, importar-se com ela e desejar consertá-la não faz diferença por si só. (Iris Bohnet nos lembra como nos importamos com o desperdício de energia mas mesmo assim deixamos as luzes do hotel acesas quando saímos do quarto – e o que fez a diferença não foi começar a se importar, e sim a invenção manual da ativação da luz por cartão eletrônico.)[7] A solução também *não* é dar treinamento sobre diversidade de gênero a toda a organização – isso simplesmente não funciona. Nos EUA, empresas gastam US$ 300 milhões por ano em treinamento sobre diversidade de gênero, mas uma análise de 800 companhias de 1971 a 2002 revelou que esse tipo de treinamento não teve relação alguma com a diversidade do corpo de funcionários. Outra análise de 830 companhias nos EUA revelou, inclusive, que exercícios de treinamento sobre diversidade foram seguidos por uma queda de 7,5% no número de mulheres na gerência.[8] Os professores Frank Dobbin e Alexandra Kalev, sociólogos das Universidades de Harvard e Tel Aviv, estudaram 800 empresas e concluíram que "sua organização se tornará menos, e não mais, diversificada, se você exigir que os gerentes façam treinamento em diversidade de gênero".[9] Mais de 20 estudos provaram que tentar suprimir a desigualdade de gênero não funciona; nas palavras de Helena Morrissey: "não podemos ensinar as pessoas a alterarem seus processos mentais e suas atitudes".[10]

> **Diversidade** significa **diferença** – diferentes **opiniões**, diferentes **ângulos**. E só conseguiremos isso se **criarmos** ambientes em que as **pessoas** possam ser **elas mesmas**.

A solução não pode ser mulheres trabalhando ainda mais, fazendo horas extras em excesso e disponibilizando um tempo que não têm a fim de serem notadas e percebidas. As pessoas precisam descansar e recarregar as energias, e já existem muitas vítimas de burnout neste mundo, então vamos fazer o favor de não acrescentar ainda mais. Também não podemos aceitar que a solução seja as mulheres não terem filhos a fim de terem tempo para o trabalho, ou encontrarem um "marido incentivador e não emasculado". Não há nada errado em escolher essas três opções (e que bom que certas mulheres encontram esses homens fantásticos e raros), mas, sejamos francos, essa não é uma solução realista para a maioria das mulheres. Deve haver um meio para as mulheres constituírem família e obterem o apoio de que precisam a fim de conseguirem ser bem-sucedidas – sem que tenham de recorrer a encontrar certo tipo de homem específico ou pagar uma babá cujo salário não cabe no orçamento.

A solução para estimular a igualdade de gênero não é apenas mulheres serem mais fortes e assumirem responsabilidades, levantarem e "fazerem acontecer". Como disse Michelle Obama, "nem sempre é o bastante... porque isso não funciona o tempo todo".[11] Zaid Al-Qassab, da Channel 4, afirmou, de maneira provocadora:

> Não gosto do conceito de "Fazer Acontecer", ele não é a solução, é só mais esparadrapo, uma solução temporária.

Evidentemente, as mulheres devem assumir a responsabilidade quando podem e evitar a mentalidade vitimista, mas é inútil as pessoas sugerirem que a chave para consertar as coisas esteja nas mãos das mulheres. Conversas entre mulheres sobre desigualdade de gênero não vão nos levar muito longe, e, se apenas elas assumirem essa revolução, ela nunca acontecerá. É preciso que os homens entendam essa questão e percebam que é importante eles tomarem atitude e estimularem intervenções. Os homens dominam e detêm a cultura e as decisões, portanto, apenas eles podem de fato mudá-las. Eles detêm os cargos e o poder. As mulheres não podem tirar isso deles, são eles que precisam decidir compartilhar.

A solução não é pedir às mulheres que parem de ser mulheres e ajam como homens. Isso não vai acontecer, nem deveria. Ao contrário de Lois P. Frankel, em *Nice Girls Don't Get the Corner Office* [Mulheres boazinhas não conseguem os melhores cargos, em tradução livre], não acredito que a solução seja as mulheres deixarem de usar batom, de tocar nos cabelos durante reuniões ou de demonstrar quaisquer sinais de emoção na frente dos homens.[12] Como diz Kezia Dugdale, ex-membro do parlamento escocês em Lothian: "para que eleger mulheres governantes se elas tiverem de agir como homens para sobreviver?".[13] Poderíamos fazer a mesma pergunta para todas as funções – o único ponto é que a diversidade é boa porque ela traz... diversidade! Diversidade significa diferença – diferentes opiniões, diferentes ângulos. E só conseguiremos isso se criarmos ambientes em que as pessoas possam ser elas mesmas.

A realidade é que nada disso funcionará por conta dos imensos problemas invisíveis que mencionei. Não devemos subestimar o poder e a intensidade de nossos preconceitos inconscientes, portanto, isso exigirá um trabalho consciente igualmente poderoso e intenso para enfrentá-lo. Só ter consciência, só se importar e só treinar nunca será suficiente.[14] Será preciso pedir às pessoas que mudem seus pensamentos e suas atitudes inconscientes. E isso, sim, vai dar bastante trabalho.

Você está pronto e motivado o suficiente para seguir com esse trabalho? Aqui estão minhas Listas de Coisas a Fazer, se você quiser tornar a igualdade de gênero uma realidade em seu mundo – onde quer que esteja, seja qual for seu gênero, independentemente de seu trabalho.

Listas de coisas a fazer

Pais, mães e professores(as)

Hillevi Engström, ex-membro do governo sueco, disse que precisamos "começar no jardim de infância", e ela está certa.[1] Quanto mais cedo começarmos a influenciar o inconsciente, melhor.

- **Nunca dê a suas filhas e a meninas pequenas motivos para questionarem se podem fazer ou alcançar qualquer coisa que os meninos podem.** Ensine a seus filhos e meninos pequenos desde o começo que meninas são diferentes, mas semelhantes, e devem ser ouvidas e respeitadas exatamente da mesma maneira que meninos e homens. Se ouvir quaisquer comentários sexistas de seus meninos (ainda que disfarçados de piadas), não tolere.

- **Ouça atentamente suas filhas e meninas pequenas.** Atente-se às visões diferentes que elas têm sobre as coisas – sobretudo se têm irmãos e já estão em um ambiente predominantemente masculino. Não permita que se sintam mal ou inadequadas por vivenciarem as coisas ou expressarem suas emoções de forma diferente. Deixe que sejam elas mesmas.

- **Não deixe as meninas sentirem que a coisa mais importante da vida é sempre entregar um trabalho perfeito e tirar notas altas, ou terem medo de cometer erros ou de ser repreendidas.** Trate-as como trata os meninos o máximo que puder, a fim de que não tenham a sensação de que o sucesso acadêmico é a coisa mais importante de todas e se deem conta de que suas imperfeições são naturais, algo com o que aprender, e não uma fonte de vergonha e embaraço. Garanta que as brincadeiras e diversões sejam partes fundamentais de suas vidas, não apenas o trabalho de casa.

- **Faça suas filhas e meninas pequenas praticarem esportes.** Faça tudo o que puder para mantê-las praticando quando (inevitavelmente) elas perderem interesse ao chegar à adolescência. Aqui, uma pequena puxada de brasa para a sardinha do *netball*, e confesso que estou sendo parcial – é um esporte fantástico para meninas, por ser um jogo em equipe altamente competitivo e perspicaz que elas podem apreciar e praticar, muitas vezes por toda a vida, além de jogá-lo sem interferência e influência dos meninos. Além disso, é sem contato, então não é muito agressivo.

E mais uma coisinha especificamente para os pais:

- **Ao discutir com suas filhas, ensine-as a continuar argumentando e ir até o fim.** Não as ensine a ter medo da raiva e recuar porque você está ficando ou pode ficar nervoso – se você fizer isso, pode estar ensinando-as a agir assim com todos os homens pelo resto da vida.

Criadores de conteúdo e representantes midiáticos

Papéis-modelos são muito importantes. Como diz a parlamentar Stella Creasy, "Muito frequentemente as mulheres não são consideradas líderes capazes porque nosso conceito de liderança é definido por nossa história, não por nosso futuro".[2] O que vivenciamos e vimos as pessoas fazendo influencia nossas crenças inconscientes sobre o que elas podem fazer. Essa é uma profecia autorrealizável, e precisamos ver papéis-modelos não estereotipados para interrompê-la. Como criadores de conteúdo e representantes midiáticos, vocês têm uma função crucial, talvez a mais importante de todas, em decidir quais papéis-modelos femininos a sociedade conhece.

- **Mostre exemplos femininos positivos em seus filmes e programas de TV.** Dê às mulheres 50% do tempo de tela e dos diálogos. Mostre-as como advogadas e juízas, políticas e primeiras-ministras, CEOs, matemáticas, cientistas, engenheiras, astronautas e por aí vai. Isso começará a desmantelar décadas de mulheres vistas em papéis estereotipados de mãe, esposa ou objeto sexual e registradas no inconsciente masculino como tais. Isso envia a todas as meninas jovens a mensagem que alguém como elas pode fazer esses trabalhos. Como diz o Geena Davis Institute on Gender in Media, "Se ela pode ver, ela pode fazer".[3]

- **Represente mulheres e o jornalismo feminino em seus jornais e *feeds* de notícias.** Permita às pessoas que ouçam e leiam opiniões femininas sobre o mundo tanto quanto as masculinas. Inscreva-se no "50:50 Project", da BBC, que visa criar conteúdos jornalísticos e midiáticos que representem nosso mundo de maneira justa e igualitária, aumentando a visibilidade das mulheres. Essa metodologia, que estimula dados sobre representatividade de gênero, tem sido adotada por 60 outras organizações pelo mundo.

- **Mostre esportes femininos na TV.** A cobertura da Copa do Mundo feminina de 2019 foi brilhante, principalmente a que vi na França e no Reino Unido. Também é fantástico ver o *netball* começando a receber mais atenção – um dos pontos altos do meu 2018 foi ver a equipe inglesa de *netball* vencer os prêmios de Equipe do Ano e Personalidade Esportiva do Ano da BBC – e o momento esportivo do ano! É importante que todos vejam as mulheres dessa forma – não no papel habitual, estereotipadas, totalmente enfeitadas e *sexies*, mas focando 100% a prática de seu esporte e as competições com sua equipe. É essencial que meninas e mulheres pratiquem esportes e que meninos e homens vejam que as garotas também têm esse lado.

Organizações e empresas

Se está empenhado em lidar com isso, aperte os cintos, você tem muito trabalho pela frente. Você terá de esquecer esse negócio de tentar mudar mentalidades – porque não mudará. O que precisa ser feito é intervenção manual: você terá de "esquematizar" intervenções estruturais e processuais que o ajudarão a tomar decisões sem preconceitos de gênero e sem ter de pensar a respeito. "Esquemas que facilitam à nossa mente tendenciosa fazer as coisas certas", nas palavras de Iris Bohnet.[4] Será um trabalho árduo, mas valerá a pena: no futuro, as organizações que não fizerem mudanças não conseguirão manter os melhores talentos femininos ou competir por eles, e perderão para aquelas empresas que, como a sua, estão atentas a isso – e, consequentemente, você será recompensado com resultados significativamente melhores.

Recrutadores

- **Escreva com cuidado seus anúncios para que eles atraiam mulheres.** Tenha em mente o panfleto daquela faculdade de Administração líder que usou palavras como "dominar" e "melhor do mundo" e descobriu que apenas uma mulher havia se candidatado. Lembre-se de que os homens sabem que podem se candidatar a empregos mesmo que não preencham todos os critérios em seu anúncio, mas muitas mulheres não – então, diga algo como "Se você preenche alguns desses critérios, sua inscrição é bem-vinda". Faça intervenções manuais em seu processo de recrutamento para garantir uma análise além do gênero e contra o inevitável viés inconsciente em relação a homens. Se você sente que tem um problema de desigualdade grande e inconsciente, solicite CVs e candidaturas neutras. E, para evitar contratar sempre o mesmo tipo de pessoa, lembre-se de perguntar a si mesmo: "Quem será melhor para completar a equipe?".

- **Exclua a palavra com E: "encaixar".** Se alguém se "encaixa", significa que é e se comporta como a maioria em uma cultura dominante. Procurar pelo "encaixe" lhe dará o oposto da diversidade.

- **Defina um objetivo em relação à igualdade de gênero em sua empresa e elabore um plano que mude sistemas e procedimentos para alcançá-lo.** Você consegue o que avalia, ou, em outras palavras, o que não se avalia não se conserta. Avalie os resultados, recompense pessoas que os produzam, despeça quem não os produz de forma consistente. Exatamente como faria em relação a um objetivo de negócios. Há duas questões sociais que as companhias melhoraram genuinamente nos últimos 30 anos: acidentes de trabalho e corrupção. Isso porque elas começaram a avaliar seu desempenho e dar bônus a gerentes que se aprimoraram e a despedir os que não se aprimoraram.

- **Avalie as pessoas, mas o faça de verdade.** Examine-as verdadeiramente e foque seus resultados e suas métricas de desempenho, e não sua intuição, a intuição alheia ou meras percepções pessoais sobre elas (que inevitavelmente serão fundamentadas em influências inconscientes e invisíveis sobre gênero). Muitas companhias agem assim da boca para fora – elas passam pelo processo de revisar os resultados, mas não prosseguem e não dão as melhores avaliações e os melhores cargos às pessoas que obtêm os melhores resultados. Muitas vezes, isso também permite que seu instinto e sua avaliação pessoal tenham a palavra final e, infelizmente, recompensem com muita frequência as pessoas que não são de fato as melhores.

- **Contrate e avalie líderes na medida em que demonstrem atitudes inclusivas de liderança.** Recompense os que estão liderando de forma inclusiva. Uma pesquisa da Russell Reynolds Associates Diversity & Inclusion revela que líderes que gerenciam bem a diversidade têm maior inteligência emocional e se comportam de maneira diferente da média[5]:

  - Eles reúnem informações sobre pontos críticos de diversidade e inclusão (D&I) da organização.

  - De maneira proativa, eles criam tempo e espaço para discussões abertas e acessíveis sobre D&I.

  - Eles buscam opiniões de cenários e perspectivas diversas.

  - Eles enfrentam, de forma proativa, preconceitos, intolerância e resistência a mudanças.

  - Eles criam cargos e políticas focados em D&I e usam métodos efetivos para registrar progressos.

  - Eles reservam um tempo para compreender a experiência de trabalho de cada subordinado direto e colega.

  - Eles reconhecem e celebram as diversas identidades dos funcionários.

  - Eles estão sempre em busca de *insights* de pessoas diferentes e desafiam a própria mentalidade e a alheia, além de serem curiosos para aprender e usar novas abordagens.

- **Contrate e promova para cargos de gerência pessoas que compreendam o valor de tratar gente feito gente e que naturalmente queiram ajudar os outros a serem bem-sucedidos.** Avalie-as em relação à maneira como cativam, envolvem e aprimoram as pessoas (isso significa que você terá de fazer perguntas e ouvir os outros!). Valorize e recompense seus ótimos gerentes – por gerenciarem bem essas questões, não somente pelos resultados na empresa.

- **Certifique-se de ter um procedimento ativo de "busca", a fim de sempre estar olhando "embaixo do guarda-chuva" e não apenas a superfície, ou dependendo de sua percepção pessoal.** Às vezes, líderes talentosos não são visíveis a seus superiores (se eles não forem bons em marketing pessoal e networking), mas são mais visíveis aos colegas e subordinados. Você está fazendo buscas proativas e perguntando aos mais inexperientes o que eles acham de seus líderes, a fim de tentar modificar seus pontos de vista? Pense em quantas vezes você viu ser promovida uma pessoa cujos funcionários a consideram um desperdício de espaço.

Em *The Business*, Iain Banks elabora um sistema de votação para a escolha da gerência:

> Tivemos vários estudos caros, mas não publicados, feitos por universidades e faculdades de Administração extremamente conceituadas, que tenderam a respaldar nossa crença de que o método de permitir às pessoas que votem nos próprios chefes significa uma proporção maior de pessoas capazes e talentosas florescendo e prosperando. Os sistemas mais tradicionais, em que as pessoas são escolhidas de cima, mais geram problemas do que os resolvem, produzindo uma cultura em que funcionários de qualquer nível dentro de uma companhia estão tentando constantemente arranjar meios de puxar o saco dos superiores, sabotar a carreira dos colegas [...] e, geralmente, gastam muito mais tempo com futilidades, promovendo os próprios objetivos egoístas e status dentro da empresa quando deveriam estar genuinamente envolvidos na busca mais séria e produtiva de fazer mais dinheiro a todos os interessados. Obter uma promoção fazendo

o chefe de bobo pode ser relativamente fácil. Obter a confiança daqueles que trabalham com você todos os dias e que terão de acatar suas ordens se você for promovido é muito mais difícil.[6]

Essa é uma obra de ficção, mas eu não conseguiria pensar em uma saída melhor, e não é uma má ideia para o mundo real! Um processo de busca ou de votação geraria sistematicamente um feedback dos mais inexperientes na organização a respeito de quem eles consideram os líderes mais fortes e talentosos e integraria essas informações às decisões sobre alocações de cargos e promoções. Isso ainda precisa ser gerenciado com cautela, é claro. Minha empresa anterior tinha um procedimento de feedback de 360°, mas todos davam ou feedbacks positivos ou neutros com medo de repercussões, logo, se um gerente já tinha decidido quem era seu "melhor" empregado, não encontraria nada no feedback que abalasse a própria percepção. Não obstante, um sistema de avaliação 360° bem gerido e bem elaborado, que não seja ameaçador e respeite o anonimato e a confidencialidade, é um mecanismo de intervenção potente para anular preconceitos inconscientes.

- **Lembre-se de que não se trata apenas de promoções e de garantir que as mulheres obtenham a parte justa que lhes cabe, isso é só a ponta do *iceberg*.** Também é preciso garantir que as mulheres não apenas sejam representadas numericamente no mesmo nível que os homens, mas também consigam o mesmo cargo e os mesmos critérios para inclusão, equipe qualificada e verba para tornar seu trabalho e suas contribuições 100% comparáveis. Será que inconscientemente você colocou os homens para fazerem os negócios mais importantes, e as mulheres, os menos importantes, com os quais você se preocupa menos? Ou até mesmo em funções paralelas, em vez de no negócio principal? Isso acontece com frequência. Janice Fanning Madden, da Wharton School, descobriu que corretoras mulheres estavam em contas inferiores e piores, com menos oportunidades de vendas, e, consequentemente, ganhavam

60% do que os homens faturavam.[7] Lembro-me de que uma das mulheres que eu mais admirava em minha empresa antiga enfim solicitou um cargo que seria a "prova de fogo" em um negócio importante e que lhe permitiria mostrar o que ela era capaz de fazer e que estava preparada para o próximo passo. Bom para ela – porém, na minha experiência, poucas mulheres agem assim, e a maioria dos homens não precisa, porque, se são competentes e confiantes, os trabalhos relevantes vêm naturalmente. Portanto, lembre-se de que as mulheres são tão competentes e capazes quanto os homens (mesmo que não pareçam tão confiantes), e dê a elas as tarefas mais difíceis, não as mais fáceis. Coloque-as à frente dos cargos importantes e deixe que mostrem do que são capazes.

- **Garanta que haja pelo menos duas candidatas para cada cargo ou promoção.** O ideal seria haver tantas candidatas quanto candidatos. Já vi pessoas se elogiando por terem uma candidata mulher, mas isso simplesmente não basta, e a mulher facilmente se transforma no *token* a ser eliminado.

- **Obtenha um sistema confiável para gerenciar adequadamente as questões de assédio sexual.** Mulheres têm receio de lidar diretamente com problemas do tipo, já que o RH dificilmente tomará atitudes contra um homem valioso de cargo sênior (e dispendioso de demitir), e, no fim das contas, serão elas as prejudicadas. Isso é, simplesmente, uma tragédia – descubra um sistema para corrigi-la e que as pessoas se sintam seguras para utilizar.

- **Intervenha e enfrente a disparidade salarial.** A esse respeito, *Sir* Philip Hampton afirma que as mulheres "deixam acontecer".[8] Acredito que seria mais exato dizer que mulheres estão agindo como mulheres, e homens, como homens, e isso faz com que mais dinheiro vá para as mãos deles, independentemente de habilidades e contribuição. Foi comprovado que, quando mulheres têm oportunidades para negociar seus salários em um ambiente mais transparente, elas negociam, logo, há uma boa chance de que a solução seja tornar os salários 100% transparentes, a fim de que discrepâncias não possam ser ocultadas.

Por um lado, isso força uma solução, mas, para mim, não vai ao cerne da questão: por que isso acontece e por que pagamos aos homens um salário maior? Na minha opinião, em organizações maiores, seu diretor de diversidades (ah, sim, você precisa de um desses, se ainda não tem!) precisa ir além de tornar os salários transparentes, assumindo como uma de suas principais responsabilidades uma "igualdade salarial", acompanhando de perto e com regularidade os salários das mulheres em comparação aos dos colegas homens. Ao perceberem uma diferença que não possa ser justificada por nível, tempo de experiência ou responsabilidades, a luz vermelha piscando deve sinalizar que muito provavelmente trata-se de um caso de preconceito de gênero (possivelmente inconsciente) do gerente. Depois, deve-se acompanhar esse gerente, investigar por que isso aconteceu e fazer uma intervenção – começando com o nivelamento do salário, e rapidamente.

Não subestime a importância de agir assim intencionalmente. Para uma mulher, é extremamente desanimador descobrir que recebe menos que um homem por um trabalho equivalente. Essa é uma das coisas que faz uma mulher se sentir desvalorizada e, em última instância, abandonar a empresa – ou até a carreira.

- **Tenha coragem e faça intervenções radicais a fim de dar a seus funcionários tempo livre para fazerem outras coisas de que precisam fora do trabalho, sem que tenham privação de sono ou fiquem estressados ou doentes.** Por exemplo, desative os comunicados da empresa das 18 às 9 horas e aos fins de semana, obrigue as pessoas a tirar férias e a deixar os *laptops* e iPads trancados no escritório quando o fizerem. Pode parecer radical, mas isso seria um grande equalizador para quem tem de cuidar da casa e dos filhos, e, se seu CEO e a empresa realmente acreditam na evidência de que a diversidade de gênero atrai resultados, você teria 100% de coragem para fazer isso, pois sabe que os benefícios seriam enormes.

- **Conceda licença-paternidade plena e estimule e até implemente ações para que os homens a tirem.** A licença-paternidade é um facilitador crucial para a igualdade de gênero – se os pais têm mais tempo para criar laços com um novo filho e ficam mais envolvidos no cuidado com as crianças desde o começo, isso pode estabelecer um padrão que dura por muito mais tempo depois que a licença expira. Em um estudo nos Estados Unidos feito com pais que trabalham fora, os que tiraram licença de duas semanas ou mais ficaram muito mais propensos a se envolver ativamente no cuidado com o filho (alimentação, acordar de madrugada, trocar fraldas) nove meses após o nascimento.[9] Pais que tiram mais licença também compartilham tarefas domésticas de forma mais igualitária. Estudos revelam que, quando os homens usam mais a licença-paternidade, com o tempo, a quantidade de trabalho doméstico feita por pais e mães vai ficando mais equilibrada em termos de gênero, com os homens contribuindo mais horas por dia. Igualmente, quando os pais tiram mais licença, aumenta a possibilidade de as mães terem um trabalho remunerado.[10] No Canadá, um estudo revelou essa ação faz com que mães aumentem a quantidade de tempo de trabalho integral, e uma pesquisa sueca revelou impactos positivos semelhantes na participação das mulheres na força de trabalho.[11]

Também é crucial que a licença-paternidade seja longa o bastante – dados de pesquisas revelam que nove em cada 10 pais nos Estados Unidos tiram alguma licença do trabalho quando um filho nasce ou é adotado, mas 70% deles tiram 10 dias ou menos de licença.[12] Isso simplesmente não basta para mudar normas culturais sobre gênero, trabalho e responsabilidades domésticas. Também é fundamental que a licença seja remunerada – em pesquisas, homens dizem que é muito mais provável que tirem licença se ela for paga, sem dúvida porque precisam do dinheiro (especialmente se sua função é a de provedor na casa), mas também porque isso a torna legítima na cabeça deles (muitos homens ficavam com vergonha de tirar licença não remunerada enquanto outros continuavam trabalhando). Também acredito que a licença-paternidade bem remunerada, caso se tornasse regra, poderia eliminar parte do preconceito de gênero contra mulheres grávidas (ou mesmo contra mulheres de certa faixa etária que podem engravidar em algum momento) que ainda vemos em certos ambientes de trabalho, nos quais mulheres não são escolhidas para o cargo importante ou a promoção porque logo podem tirar licença-maternidade. Isso se torna neutralizado em um mundo onde tanto um homem quanto uma mulher possam tirar licença.

Algumas já saíram na frente, incluindo a Diageo, que em 2019 anunciou que todos os funcionários no Reino Unido, independentemente do gênero, dispõem de 52 semanas de licença-parental (26 remuneradas), e na Suécia é comum o oferecimento de seis a 17 semanas de licença-paternidade remunerada.[13] Na Suíça, a P&G, a seu favor, recentemente estabeleceu oito semanas de licença-paternidade remunerada, como a maioria das empresas de tecnologia, indo além do que a lei suíça exige. Anteriormente, eles tinham uma política de licença-paternidade mais reduzida, mas uma quantidade pequena de homens a usava; agora, eles querem criar uma cultura em que seja normal para um pai de primeira viagem considerar a licença-paternidade e tirá-la. Eles estão convencidos de que isso aumentará a probabilidade da igualdade entre pais e mães na família.

O que posso dizer é que tenho dois amigos homens que recentemente tiraram licença-paternidade, e ambos descreveram a experiência como um divisor de águas e que ela lhes proporcionou um novo nível de compreensão e respeito pelas esposas e mães de seus (bem cansativos) bebês.

- **Garanta a existência de políticas parentais realmente aplicáveis tanto para homens quanto para mulheres – e que os homens sejam igualmente estimulados a usá-las.** Não deixe que cargas horárias ou de trabalho remoto sejam vistas apenas como "políticas para mães" e para pessoas menos comprometidas com a carreira – isso compromete as mulheres em geral e também os homens dispostos a fazer a própria parte como pai.

- **Esteja ciente do que é importante para as mulheres no trabalho e faça tudo o que puder para suprir as expectativas e necessidades delas, que nem sempre são as mesmas dos homens e não têm a ver só com "o trabalho".** A Gallup® pediu a trabalhadores norte-americanos que estavam pensando em mudar de emprego ou que recentemente haviam trocado de patrões que indicassem a importância de aspectos particulares, e as mulheres indicaram como de suma relevância a "possibilidade de fazer aquilo em que são melhores" – dois terços das funcionárias mulheres acreditam que isso é "muito importante", em comparação com 55% dos funcionários homens; 60% das mulheres classificaram o equilíbrio entre vida profissional e bem-estar pessoal como "muito importante", em comparação com 48% dos homens; 39% das mulheres dizem que a reputação da companhia é "muito importante" para elas, *versus* 33% dos homens; e 32% das mulheres dizem que a causa da empresa é "muito importante", em comparação com apenas 22% dos homens. Esta última é outra influência invisível, mas muito importante para as mulheres. Como afirma o relatório da Gallup®:

> Mulheres querem que seu trabalho tenha importância e sentido. Mulheres querem se sentir conectadas à empresa... Elas se importam com valores, e se importam com propósito e causas. Mulheres querem saber que sua empresa impacta a sociedade e que elas fazem parte disso.[14]

Falamos muito a respeito da atitude masculina "não é pessoal, é só trabalho" e que, em certa medida, as mulheres podem aprender com isso, mas empresas e organizações também precisam aceitar que muitas mulheres levarão o trabalho mais para o lado pessoal por conta de sua natureza, simples assim. "Mulheres querem construir relações significativas. Elas querem trabalhar com pessoas de quem gostam, a quem admiram, em quem confiam, a quem respeitam e com quem se divertem. Elas fazem amizade com colegas, consumidores e clientes. Mulheres precisam sentir que as pessoas as apreciam e gostam delas."[15] Se você consegue criar uma cultura e um ambiente de trabalho que supra a necessidade feminina por equilíbrio entre trabalho e vida pessoal, bem-estar pessoal, significado, conexão e relacionamentos, terá uma boa chance de obter a lealdade delas e ficar à frente da concorrência ao batalhar por seus talentos. Tenha em mente que cuidados com os filhos e horários de trabalho flexíveis não são as únicas questões a esse respeito. Lidar com elas e abordá-las não significa "missão cumprida", nem de longe.

- **Crie um ambiente com quantidade equilibrada de mulheres e homens em que todos os indivíduos, independentemente do gênero ou atitude, sintam-se à vontade, relaxados e confiantes para ser autênticos.** Garanta que ninguém sinta necessidade de imitar pessoas e estilos dominantes na tentativa de se encaixar. Isso não tem a ver apenas com quantidade, e ter mulheres na equipe não é suficiente – é preciso haver um ambiente e uma cultura que as capacitem a atuar da melhor maneira; é preciso "diversidade ativa", não apenas diversidade. Lembre-se de que "quando as pessoas compreendem e aplicam seus pontos fortes, o efeito em sua vida e seu trabalho é transformador. Pessoas que usam seus pontos fortes todos os dias são três vezes mais propensas a afirmar que têm excelente qualidade de vida" e têm "níveis mais elevados de engajamento e desempenho dos funcionários, e são menos propensas que outros funcionários a abandonar as organizações".[16] "O ponto mais importante é que as mulheres precisam saber que a empresa as valoriza por aquilo que elas trazem." Utilize ferramentas como a CliftonStrengths® para capacitar seu pessoal a compreender os próprios pontos fortes e para criar uma cultura que os estimule e habilite a usá-los.

- **Crie um sistema de apadrinhamento sólido e viável.** Não é mentoria, é apadrinhamento. Mentores também são bons, mas em geral desempenham funções de coaching e aconselhamento que podem ser mais úteis para quem já é forte em networking, em construir a própria carreira e em saber onde e quando buscar ajuda ou aconselhamento (e que tem ou arranja tempo para isso no meio de um expediente atribulado). Porém, um padrinho de verdade irá além e apoiará o "apadrinhado" de maneira proativa, preparando-o para ir atrás de oportunidades, sugerindo-lhe cargos e citando seu nome para funções e promoções – na verdade, eles vão assumir riscos pela outra pessoa. Todos nós deveríamos lançar mão de um ou dois padrinhos na vida, mas eu arriscaria dizer que as mulheres precisam mais deles, considerando todos os demônios da confiança e da tomada de riscos com os quais elas estão lidando.

- **Aceite e adote a abordagem 50/50.** É controversa, mas acredito que seja isso que você precisa fazer se realmente acredita na equidade de gênero e quer alcançá-la em sua organização. Mesmo que você tome outras medidas, não será suficiente. Eu era uma dessas pessoas que rejeitavam de todo o coração esse conceito, e há inúmeras outras que rejeitam. Porém, depois de tudo o que vi e aprendi ao longo dos últimos anos, eu me convenci.

A dinâmica invisível e inconsciente é forte, profunda e influente demais para as mulheres superarem sem uma intervenção igualmente influente que as ajude. Estamos presos em uma profecia autorrealizável e temos de fazer o possível para escapar dela. Assim como em uma situação de negócios, em que problemas grandes precisam de intervenções grandes e ousadas em vez de polidas, suaves e pacientes, esse problema precisa da mesma coisa.

Ora, tenho plena consciência de todos os argumentos contra a política do meio a meio, sobretudo da "ansiedade em relação à discriminação positiva", como diz Helena Morrissey. Quantas vezes ouvi homens dizendo que "cotas não funcionam, deveríamos contratar os melhores candidatos"?[17] Ou ainda "...contanto que a mulher mereça o cargo". Devo confessar que presumir que a indicação de mulheres signifique queda nos padrões me deixa furiosa – como eles ousam dizer isso, ainda mais aos quatro ventos? Naturalmente, sei que eles dizem isso porque acreditam nessa afirmação, acreditam que os homens sejam melhores (por todos os motivos que analisamos) e – ironicamente, essa mesma reação talvez seja a maior prova de que precisamos adotar a abordagem 50/50 – porque, sem uma intervenção do tipo, não importa o que mais façamos, quando chegar o momento de tomar a decisão (e sejamos francos, geralmente quem decide é um homem) sobre quem vai conseguir o cargo ou a promoção, a tendência é que se favoreça o candidato do sexo masculino. Simplesmente não chegaremos ao equilíbrio de forma natural, e precisamos chegar lá não apenas para colher as vantagens da igualdade de gênero e da diversidade, mas também para que nos habituemos a ver mulheres nesses cargos de liderança – a fim de que as mulheres bem-sucedidas abram caminho para outras seguirem. Também sabemos que as mulheres precisam de massa crítica para serem ouvidas e bem-sucedidas; como diz Laura Liswood, em *The Loudest Duck* [O pato mais barulhento, em tradução livre], quando o número de mulheres chega a 50% ou quase, "o grupo dominante é forçado a levar a sério a perspectiva alheia... Os ratos têm de ser numerosos o bastante para os elefantes os notarem e mudarem".[18] Então, o que quero dizer com abordagem 50/50? Comprometer-se com uma divisão igualitária de gêneros. Não se contentar com menos, não se dar por satisfeito em pertencer ao "Clube dos 30%"; por que se contentaria?

Comprometa-se com a abordagem meio a meio em todos os níveis, inclusive gerência e diretoria. Só se muda a cultura de um local quando se muda o topo. Seja proativo em cumprir o prometido, não em cinco anos, mas com urgência a partir de hoje. Ponha em prática todas as intervenções anteriores para possibilitá-las, avalie a si mesmo e seus líderes em relação a cumprir o prometido, recompense quem cumpre e penalize quem não cumpre, e não aceite nenhuma desculpa pelo não cumprimento. Vimos que há mulheres brilhantes, competentes e talentosas por aí na mesma situação que os homens.

Quem não as encontra simplesmente não está tentando. Ao colocar mulheres em cargos de liderança, faça de tudo para celebrá-las visivelmente como papéis-modelos. É importante demais não vermos apenas homens nesses papéis. "Se as pessoas têm preconceito contra líderes mulheres e nunca veem uma em um cargo de liderança, elas nunca atualizarão suas crenças" (Iris Bohnet, Gender & Equality by Design).[19] Papéis-modelos femininos fazem uma diferença enorme. Um estudo com 20 mil companhias nos Estados Unidos de 1990 a 2003 revelou que, quando a proporção de gerentes mulheres de alto escalão aumentava, a proporção de mulheres em cargos médios de gestão também aumentava.[20] Kathleen McGinn e Katherine Milkman, da Harvard & Wharton Business School, revelou que advogadas tendem a subir mais na hierarquia quando têm parceiras mulheres e papéis-modelos femininos.[21] Nos Estados Unidos, um escritório de advocacia descobriu que a retenção de suas funcionárias juniores estava altamente relacionada à quantidade de supervisoras do sexo feminino.

Lembre-se de que todas as mulheres de sua organização ou empresa estão observando e tomando nota sobre como as pessoas do sexo feminino são tratadas. Talvez elas não digam nada, mas estão registrando e compreendendo que essa é a forma como serão tratadas um dia, portanto, garanta que o que elas veem de você seja algo que desejem ter por perto.

Gerentes

Além de implementar todas as intervenções com que sua organização está comprometida, aqui estão alguns extras para sua Lista de Coisas a Fazer.

- **O acesso a você é precioso – portanto, seja justo.** Esteja ciente de que, em geral, os homens terão muito mais consciência da importância de tornar o próprio trabalho e a si mesmos visíveis a você e, portanto, serão muito mais proativos para reservar tempo para conversar, enquanto as mulheres ficam mais de "cabeça baixa" e focam a entrega do trabalho. Se você se limita a passar um tempo com quem quer que agende uma reunião ou um café em seu calendário e deixa as coisas acontecerem sem interferir, espero que já tenha percebido o que vai acontecer – você verá mais homens e, consequentemente, se sentirá mais à vontade com eles e inconscientemente passará a acreditar que eles são mais fortes ou melhores. Portanto, não gaste seu tempo de maneira passiva, intervenha, seja proativo como gerente e certifique-se de passar tanto tempo conversando e avaliando o trabalho de suas funcionárias mulheres quanto o dos homens. No início de cada semana, pergunte-se quem reservou horário em sua agenda e, se possível, faça intervenções. No fim de cada semana, pergunte-se com quem você conversou e, se não falou com gerentes mulheres, interfira e faça incrementos. Sempre tenha em mente que as pessoas que sabem mais nem sempre são as melhores.

- **Esteja ciente de que mulheres não ouvem as coisas da mesma maneira que os homens (lembra-se da "alusão negativa" *versus* "alusão positiva"?).** Falar do mesmo jeito com homens e mulheres simplesmente não funciona, assim como dar feedback da mesma forma – você está dando ao homem outra vantagem invisível. Experimente a técnica de perguntar "O que você ouviu que eu disse?" depois de dar resultados ou feedback a uma mulher. Provavelmente você ficará surpreso, e então poderá fazer ajustes na mensagem e deixá-la do jeito que quis transmiti-la (sem dúvida, mais positiva) – e, da próxima vez, aprender como agir diferente.

- **Leve em conta que mulheres geralmente não se sentem tão à vontade quanto os homens para discutir sobre salário.** Portanto, preste atenção extra para garantir que elas estejam recebendo o mesmo que os colegas do sexo masculino e que o salário dos homens não tenha sido inconscientemente impulsionado como resultado de mais pressão e foco da parte deles. Tem certeza de que as mulheres que trabalham para você recebem o mesmo salário que os homens na mesma função?

Quando foi a última vez que verificou isso? Da próxima vez que um homem pedir um aumento de salário e você conceder, verifique se o salário de suas funcionárias está acompanhando. E, quando uma mulher abordar o assunto, certifique-se de não reagir de forma negativa por isso não ser uma atitude "esperada". Em situações como essa, sempre se pergunte como reagiria e se sentiria se fosse um homem à sua frente fazendo e dizendo exatamente a mesma coisa. O mesmo vale para expectativas de carreira – em geral, mulheres não se sentirão tão à vontade quanto os homens para falar a respeito. Logo, não espere que elas façam isso ou não presuma que não sejam ambiciosas ou interessadas em progredir se não o fizerem; você precisa instigar discussões regulares sobre carreira com suas funcionárias e perguntar a elas qual a função que gostariam de executar de imediato ou no futuro. Se não proceder assim, talvez você nunca descubra o que elas estão pensando antes que seja tarde demais. Lembre-se de que as mulheres não lhe dirão necessariamente que estão frustradas por serem subvalorizadas, por lhes serem atribuídas mais responsabilidades sem uma promoção, por serem preteridas para a promoção ou por não receberem o salário que merecem. Aparentemente elas toleram essas coisas, mas, debaixo da superfície, a frustração está aumentando, e um belo dia talvez você seja pego totalmente de surpresa por uma carta de demissão.

Talvez seja utópico criar uma verdadeira meritocracia, por conta da base da natureza humana e de todas as influências inconscientes e invisíveis em relação a gênero que estão em jogo. Mas garanta que ao menos, como gerente, você não crie uma "ilusão de meritocracia". Certifique-se de que todos os funcionários recebam treinamento sobre como as coisas funcionam, o que influencia a percepção das pessoas além do desempenho e o que influencia decisões sobre quem consegue os cargos e promoções – do contrário, os homens entenderão essas coisas, muitas mulheres não, e ficarão em grande desvantagem.

- **Não se deixe enganar pelas pessoas que jogam bem (inclusive você), mas que não estão fazendo o trabalho quando você não está olhando.** O pessoal de sua equipe estará bem ciente disso, mas provavelmente não sentirá que pode lhe contar, porque você foi enfeitiçado por essas pessoas e gosta delas, simples assim. Um velho amigo e eu costumávamos classificar todos os funcionários em nossa antiga empresa como "surfistas ou esforçados"; que seu trabalho seja reconhecer a diferença e quem está em cada grupo, e certifique-se de recompensar os esforçados e mandar os surfistas para o mar!

- **Em reuniões, esteja totalmente alerta à dinâmica de gênero.** Resista a se deixar impressionar pelos homens que dominam a arena, que não ouvem e interrompem as mulheres e talvez até repitam as colocações delas com um grande peso atribuído às palavras e uma boa dose de autoconfiança. Observe e ouça as mulheres (provavelmente você terá de apurar os ouvidos para escutá-las – e às suas colocações – com cuidado). Estimule-as a falar e, quando elas o fizerem, não tolere interrupções – diga a todos que você tem interesse em suas colocações e quer ouvi-las até acabarem. E fique alerta em relação a uma mulher em silêncio, que não está falando nem participando – posso jurar que não é porque ela não tem ideias ou nada a dizer.

Mulheres

Mesmo tendo dito que fico irritada quando as pessoas colocam o problema da igualdade de gênero nas costas das mulheres, existem algumas coisas às quais (creio eu) elas devem abrir os olhos e com as quais ficar à vontade – porque os homens são nossos concorrentes para os cargos e promoções que desejamos, e, como qualquer concorrente, é preciso observá-los, aprender com eles e trabalhar as coisas de que precisamos para sermos equivalentes (PPs – Pontos de Paridade), e também os aspectos em que podemos catapultar nossos pontos fortes e sermos melhores (PDs – Pontos de Diferença). Os homens não podem dar um jeito nisso para nós sozinhos, temos trabalho a fazer. Então, isto vale para todas as mulheres:

- **Esteja ciente de seu nível de autoconfiança.** Tenha em mente que a falta dela é uma autopercepção infundada, sem nenhuma correlação com sua competência, inteligência ou habilidade em relação a outras pessoas. Como dizia Eleanor Roosevelt: "Ninguém pode fazer você se sentir inferior sem seu consentimento".[22] Nem você mesma.

- **Aceite a realidade de que, em cargos superiores, todo mundo às vezes improvisa e encena – os homens também.** É natural que todo mundo fique nervoso em uma reunião importante e com um pouco de receio de fazer colocações. Porém, se a colocação é importante, você precisa fazê-la. É seu dever para com a empresa ou a organização – é por isso que você é paga. Então, você precisa "mulherizar", digamos assim, respirar fundo e atuar de forma confiante.

- **Ressignifique sua síndrome da impostora para atributos como humildade e rigor.** Isso pode ser algo positivo e útil para você, uma vantagem competitiva que a fará verificar e sondar as coisas com mais profundidade e cuidado, algo que a ajudará a aprender e a crescer. Pode acabar lhe dando confiança em seus resultados e contribuições.

- **Diga adeus ao perfeccionismo e faça amizade com a falha.** Lembre-se das palavras de Winston Churchill: "Sucesso não é o final, falhar não é fatal: é a coragem para continuar que conta". Se não aprendeu isso na escola ou nos esportes, aprenda agora. Falhar é parte natural da vida e do trabalho; é algo com que aprender, e você não deve deixar que isso a paralise e a impeça de tentar ou realizar as coisas. As pessoas que vencem no mercado de trabalho sabem que não são perfeitas, que ninguém é, que às vezes elas vão falhar, porque todo mundo falha – e isso é o que as deixa livres para avançar e subir na vida.

- **Pergunte-se: você é escrava do seu parceiro?** Você é uma das inúmeras mulheres que está assumindo uma parte desigual de tarefas domésticas e cuidado com os filhos, fazendo com que não tenha tempo suficiente para o trabalho ou para descansar e dormir? Enfrente isso antes que seja tarde demais. Se os dois trabalham fora, deveriam estar dividindo igualmente o trabalho não remunerado. Se seu parceiro não responde da maneira correta a isso, é preciso fazer umas perguntas sérias sobre seu relacionamento.

- **Sinta-se à vontade em fazer marketing pessoal e em visibilizar seu trabalho.** Não espere que o(a) chefe note todo o ótimo trabalho que você está fazendo "sob o guarda-chuva" nem fique frustrada por seus colegas homens conseguirem mais reuniões cara a cara. Aceite que, não importa quão bom seja seu gerente, ele não vai passar o dia todo pensando em você e no seu trabalho. Ajude-o a ajudá-la, ajude-o a vê-la.

- **Networking não é crime; sinta-se à vontade com essa prática.** A "moeda do relacionamento" é tão importante quanto a "moeda do desempenho" quando se trata de decisões sobre cargos e promoções, e, quando você precisar de um contato relevante, talvez seja tarde demais para construí-lo. Investir tempo em construir relacionamentos não é perda de tempo, e você precisa encontrar um espaço para isso em seu dia atribulado – além de aprender sobre discussões de networking e falar sobre suas aspirações na carreira de uma forma que seja natural para você.

- **Lembre-se de que não é pessoal, é só trabalho.** Não se envolva emocionalmente. É um contrato de emprego, é uma empresa – não é sua família e não é seu amigo.

- **Pare de aceitar um salário mais baixo que o dos colegas do sexo masculino.** Não permita que isso aconteça se você tem o mesmo nível de competência e trabalha tão duro quanto eles. Valorize-se e mostre que se valoriza. Descubra um jeito, que funcione para você, de discutir seu salário com o chefe. Algumas mulheres escrevem um e-mail, porque fica menos estranho e constrangedor – mas encontre um meio. Sim, você deveria poder confiar que seu gerente ou empresa estão pagando um salário justo, mas, pelo menos por ora, receio que essa ainda não seja a nossa realidade.

- **Seja proativa e assuma as rédeas de sua carreira.** Ela é toda sua e de ninguém mais, então não seja vítima e assuma a responsabilidade. Deixe claro aquilo de que você gostaria para sua carreira e proteste se não conseguir o cargo ou a promoção que sente que merece – se necessário, mostre que você se valoriza, faça valer suas palavras e vá embora (é o que os homens fazem, mostrando que eles se valorizam e fazendo com que outras pessoas os valorizem). Saia de uma função que não foi feita para você e entre em uma que seja; como diz a senhora Cilla Snowball, "escolha o lugar certo para trabalhar e as pessoas certas com quem trabalhar". Encontre um lugar que sirva para você, não um para o qual você sirva. Estar em um lugar ao qual você sinta que pertence e onde você pode ser autêntica é tudo, e, em última instância, você não terá sucesso sem isso.

- **Lidere como uma mulher.** Nas palavras de Lord Browne, ex-CEO da BP, "mulheres não precisam ser cópias dos homens".[23] Não tente "se encaixar", imitar os homens e agir como eles – mulheres imitando homens não é a solução, não é autêntico, não é você. As pessoas vão perceber, e isso as fará confiar menos em você. Conheça seus pontos fortes e alavanque-os. Seja você. Aposte tudo em você e lidere como você mesma – no fim, é a única maneira de ser bem-sucedida, não apenas por estar no cargo importante como também sendo admirada nesse cargo e, portanto, abrindo caminho para que mais mulheres brilhantes e autênticas a sigam. A única maneira de nos tornarmos realmente iguais é permanecendo autênticas, isto é, diferentes.

- **Lidere como uma mulher em reuniões.** Faça do seu jeito. Não é preciso ter pressa; você tem direito de usar o tempo de que precisa para transmitir sua mensagem e garantir que ela atinja seu objetivo, mas não é necessário copiar a maneira masculina de "fazer boas reuniões". *Share of voice* (SOV)[24] não é igual a *share of impact* (SOI), ou seja, visibilidade não é a mesma coisa que impacto. Na verdade, Fama Francisco acredita que "SOI é inversamente proporcional a SOV", e o impacto vem de muitas formas – o poder da concisão e da clareza é imenso, portanto, seja confiante ao usá-lo.

- **Tenha orgulho de dizer que é feminista.** Pare de ser conivente com os homens, pare de tentar ser "um deles" e se encaixar evitando dizer que é feminista. Você está reforçando uma imagem nociva e falsa do significado do termo, além de negar a experiência de outras mulheres e traí-las. Sophie Walker, líder anterior do Women's Equality Party, afirma que, "se um corpo feminino está à venda, todos os corpos femininos estão à venda". Bem, também podemos dizer que, se uma mulher é tratada de maneira desigual, toda mulher o é. Lembre-se da definição simples de feminismo: a crença na igualdade social, política e econômica dos sexos. Instrua as pessoas, homens e mulheres, que resistem ao feminismo e lembre-as da definição. Tenha orgulho de dizer a elas que você é feminista e questione-as sobre o porquê de também não o serem.

- **Torne a sororidade uma realidade e apoie outras mulheres.** Não veja suas colegas, mulheres mais jovens e promissoras como concorrentes; pense que a vitória delas é a sua vitória. Dê-lhes mentoria, mas vá além e as apadrinhe. Não deixe que os homens consigam os cargos e as promoções que as mulheres merecem, arrisque seu pescoço e recomende-as. Lembra da frase de Madeleine Albright: "Há um lugar especial no inferno para mulheres que não ajudam outras mulheres"? Prefiro a versão mais recente da *Forbes*: "Há um lugar especial no céu para mulheres que apoiam outras mulheres".[25] Dê-lhes treinamento e instrução. Diga-lhes como as coisas funcionam, dê-lhes conselhos sobre como administrar toda a dinâmica inconsciente e, ao mesmo tempo, permanecer autênticas. Prepare-as para o teto invisível – porque, se as conscientizarmos sobre ele, nós as capacitaremos para passar por isso.

Homens

Deixei em último lugar a Lista de Coisas a Fazer para os homens porque, afinal, vocês são o público mais importante deste livro. Sem vocês, não importa o que as mulheres façam. Sem vocês, nada pode mudar. Nas palavras de Laurence Comte-Arassus, presidente da Meditronic France (que em 2018 definiu como objetivo ter 40% de mulheres representando a gerência): "É importante entender que igualdade não é assunto de mulher".[26] Esse precisa ser um esforço de equipe, e isso significa que precisamos que vocês abracem a causa – e por inteiro. Como diz Laura Bates: "Ou vocês estão conosco ou contra nós. Não há meio-termo. Ficar em cima do muro é fazer vista grossa. Precisamos de vocês. Precisamos que lutem conosco. E não podemos fazer isso sem vocês".[27] Em primeiríssimo lugar, precisamos que vocês reconheçam que esse ainda é um problema enorme e que não se deixem levar pela opinião popular, mas bastante incorreta, de que estamos progredindo. Você não diria a um homem negro que não existe mais racismo no mundo, então não diga a uma mulher (ou a qualquer outra pessoa, por sinal) que não existe sexismo. Reconheça e compreenda isso, entenda o poder invisível da cultura predominantemente masculina e não permita que ela domine seu mundo ou o mundo à sua volta. "Aprenda a reconhecer seu privilégio e use-o de forma respeitosa", como ensina o treinamento da MARC. E lembre-se, apoiar a igualdade de gênero é um enorme sinal de força e confiança em um homem. Como diz Ben Bailey Smith (Doc Brown), apenas "homens fracos atacam os vulneráveis".[28] Por um lado, essa seria uma atitude bastante natural para um homem. Tudo o que você precisa fazer é levar o apoio que dá a mulheres e meninas que ama da casa para o trabalho. Nas palavras do doutor Michael Kimmel: "Todos os homens sabem como é amar mulheres e querer que elas prosperem".[29] Portanto, se você está pronto para isso, aqui está sua Lista de Coisas a Fazer:

- **Apoie abertamente as mulheres.** Em reuniões, seja aquela pessoa que defende as mulheres. Não subestime a importância de seu apoio. É mais convincente e ajuda muito quando você nos apoia. Ao notar comportamentos sexistas, diga "isso não é legal". Ao perceber desigualdade de gênero em uma decisão, pergunte "por quê?". Quando você defende essa causa, nós nos unimos.

- **Elimine o hábito de ofender mulheres.** Pare de usar termos como "mandona", "insistente" ou "difícil", que você não usa para homens. Palavras como essas diminuem as mulheres e podem fazê-las recuar e pedir demissão. Por que você faria algo assim?

- **Observe o próprio comportamento em reuniões e, ao dirigir uma, proceda de modo a estimular as mulheres a contribuírem.** Não deixe os homens dominarem a área e interromperem. Volte à mulher que estava fazendo uma colocação e diga: "Você foi interrompida". Esteja ciente de que as mulheres podem achar difícil interromper e, geralmente, vão esperar a hora certa de falar. Encontre um meio de possibilitar isso.

- **Apadrinhe mulheres.** Sei que hoje em dia muitos homens ficam ansiosos por estarem a sós com uma mulher com quem trabalham por medo de uma queixa falsa de assédio sexual contra eles, e, sim, infelizmente isso acontece em casos raros. Porém, acusações falsas de estupro também infelizmente acontecem, e isso não os impede de marcar encontros com mulheres, não é? Então, favor não usar isso como desculpa. Mulheres precisam de seu apadrinhamento para conseguir os cargos importantes e as promoções, elas não os conseguem só com trabalho e desempenho – você sabe que não é assim que funciona. Então, ajude-as do mesmo jeito que ajuda os homens.

- **Tire licença-paternidade!** É uma das coisas mais importantes que podemos fazer para alavancar a igualdade de gênero. Estimule todos os pais que você conhece a tirá-la – e, acima de tudo, nem pense em debochar deles por saírem de licença. Os homens que aproveitam ao máximo a licença-paternidade são heróis e estão abrindo caminho para a igualdade de gênero no futuro.

- **Faça 50% do trabalho doméstico.** Divida as tarefas de casa e o cuidado com os filhos. As compras, a comida, a lavagem de roupas e a limpeza. Isso significa o trabalho doméstico de todo dia, não apenas aquela "única vez" excepcional e heroica que acontece de vez em quando. E ensine seus filhos a fazerem o mesmo. Há mais mulheres mexicanas que trabalham fora que em qualquer outro país – 94%, em comparação com a média mundial de 78% –, e, não obstante, elas relatam maiores níveis de satisfação em quase todos os aspectos da vida, porque têm mais auxílio em casa, com os maridos mexicanos assumindo mais tarefas domésticas que a média. A Suécia, país em que a expectativa de vida é de 83 anos, tem a porcentagem mais alta de tarefas domésticas assumidas por ambos os parceiros.[30] Dividir a carga de trabalho em casa é possivelmente a coisa mais importante que você pode fazer para estimular a carreira de sua parceira – e melhorar sua relação e suas vidas como um todo.

- **Esteja ciente de que você é involuntariamente influenciado por muitos fatores inconscientes e invisíveis para acreditar que os homens são melhores.** Saiba que você tem muitos modelos de líderes marcantes do sexo masculino, mas não de mulheres (porque ainda não há muitos modelos do sexo feminino), então talvez você não reconheça ou goste quando uma mulher demonstra qualidades que você aceita em um homem. Esteja ciente de que os homens ficam mais à vontade em sua cultura que as mulheres, e isso os faz se sentirem e parecerem mais confiantes e autênticos. Mas eles não são melhores. Você está perdendo candidatas mulheres brilhantes para ocupar os cargos de sua empresa. Sua organização está perdendo. Seus resultados estão perdendo. Sua empresa está fazendo menos dinheiro do que poderia, o que significa que você está fazendo menos dinheiro do que poderia fazer. Você pode até sair ganhando, mas, na prática, isso não é bom. Esse não é um jogo que você vai querer vencer, porque, no longo prazo, isso vai fazer com que você acabe perdendo. Esse é o único jogo em que o melhor resultado é um empate.

- **Seja um modelo masculino para a diversidade de gênero.** Não se limite a compreendê-la e a se importar com ela, não se limite a ir ao treinamento que lhe disseram para ir e sair dele com a sensação de missão cumprida. Espero que este livro tenha feito você compreender que este mundo é dos homens – o preconceito inconsciente está ao seu lado, você faz parte da cultura dominante e se sente à vontade nela, você possui uma autoconfiança naturalmente mais forte e uma aura de liderança que provém disso, sente-se mais à vontade para pressionar os demais para subir na carreira e aumentar seu salário sem ser antipatizado por isso e, como resultado de todas essas coisas, você tem praticamente todos os melhores empregos no mundo. Você vence no trabalho. Se você não mudar nada, continuará promovendo homens como você em vez de mulheres competentes e talentosas. Os homens têm poder de promover e, portanto, são eles e não as mulheres que têm o poder de mudar o perfil de gênero no trabalho – simples assim. Esse mundo é masculino, e precisamos que os homens nos ajudem a mudá-lo – simplesmente não podemos fazer isso sem os homens. Se você não fizer nada, o mundo continuará masculino. Para sempre. Espero que agora você esteja tão convencido quanto eu de que isso não é o que você quer.

Acredito que aprendemos do jeito difícil que não basta não ser racista: precisamos ser antirracistas. Da mesma forma, não basta simplesmente não ser sexista e pensar que é suficiente: precisamos que você seja feminista. E feminismo não é algo de que se deva desgostar e desconfiar. Pare de pensar nele como uma coisa negativa e ameaçadora. Tenha em mente uma de minhas citações favoritas no Pinterest de todos os tempos: "Se você acha que as mulheres devem ter os mesmos direitos que os homens, você é feminista. É sério. Você é. Lamento ser o mensageiro de más notícias".

Então, vamos lá, seja um homem feminista. Tenha orgulho de dizer isso, tenha orgulho de dizer que você quer ver mulheres conseguindo os cargos e as promoções que merecem, e que sua vontade é que elas não deixem de consegui-los por conta do gênero. E multiplique-se por meio de outros. E pronto. É daí que precisamos começar.

E é aí que começa o trabalho duro de fazer acontecer.

A questão do *dress code* para homens e mulheres

Dress code é um assunto delicado. Nossas roupas são uma das principais maneiras de expressar nossa autenticidade e individualidade. Pessoalmente, nada me aborrece mais que ver as pessoas se vestindo do mesmo jeito antigo e esperado, e não consigo evitar meu próprio preconceito inconsciente de que "roupas sem graça = mente sem graça". Dizer a alguém como se vestir é como tirar sua liberdade, portanto, não vou falar às mulheres o que elas devem ou não devem usar. Porém, não podemos ignorar que cada uma das minhas entrevistadas do grupo das Super 7% acredita que haja um "uniforme de trabalho" para mulheres – e homens – que envia mensagens inconscientes de profissionalismo. Acredito que mulheres e homens tenham algo em que pensar a respeito.

Mulheres

Precisamos aceitar alguns fatos biológicos que não vão mudar – homens (heterossexuais), mesmo sem querer, olharão para corpos femininos se tiverem chance. Não é nossa culpa ou responsabilidade, mas é um problema nosso, pois, se estamos exibindo nossos atributos físicos, a realidade é que isso pode impedir que uma colocação extremamente inteligente e importante seja ouvida e lembrada. A escolha é sua, mas não seja ingênua sobre seu impacto, e, se fizer essa escolha, que seja consciente.

Homens

Esse problema e essa responsabilidade são seus – o que quer que uma mulher esteja vestindo, você precisa aprender a lidar com o fato de que é totalmente possível ela ser sexualmente atraente *e também* muito boa na função que exerce.

Ela não é "mãe", "esposa", "amante", "qualquer coisa", "gerente" ou "líder" – ela é multifacetada e pode ser todas essas coisas ao mesmo tempo. E tudo o que importa são as coisas que ela está dizendo e o trabalho que está fazendo – então, favor ser profissional e colocar todo o resto de lado no ambiente de trabalho.

Tópicos para serem abordados em uma discussão sobre diversidade de gênero

- O que você pensa ao ver que mulheres detêm apenas 30% dos cargos do Conselho de Administração ou do Comitê Executivo das empresas?

- O que você diz se alguém pergunta se você é feminista ou *expert* em igualdade de gênero? Os resultados de sua empresa ou equipe são tão fortes quanto poderiam ser? Será que a ausência da diversidade de gênero está impedindo você de ter um desempenho melhor?

- Você já se perguntou se uma mulher foi indicada para um cargo por mérito ou discriminação positiva, mesmo que a equipe em que ela estava entrando ainda fosse predominantemente masculina? Já questionou o mérito de um homem que foi indicado para um cargo em uma equipe predominantemente masculina?

- Ao pensar nas pessoas que você acredita que atuem melhor, elas são semelhantes às outras pessoas da equipe ou fazem parte de um grupo minoritário?

- Você se pega admirando homens que não têm medo de correr riscos? Você analisou dados e comparou o desempenho e os resultados deles com os de outras pessoas na equipe?

- Pense nas mulheres com quem você trabalha ou que trabalham para você. Até que ponto elas sentem confiança em expressar pontos de vista ou quando respondem a uma pergunta sobre o próprio trabalho? Isso afeta a maneira como você percebe a competência ou as contribuições delas?

- Você já viu uma mulher sendo interrompida em uma reunião ou tendo uma opinião ignorada? Observou como ela reagiu a isso? O que você fará na próxima vez que observar algo do tipo?

- Seu ambiente de trabalho conta com políticas parentais realmente igualitárias para mulheres e homens? É tão fácil e aceitável para um homem tirar licença-paternidade ou trabalhar em horários flexíveis quanto é para uma mulher?

- Pense em uma líder mulher que você respeite e admire. O que a torna diferente de outras líderes que você admira menos?

- Já conheceu alguma líder mulher bem-sucedida que não tenha "baixado a escada" para outras mulheres abaixo dela, ou que até prefira trabalhar com homens e apoiá-los? Por que acha que isso acontece?

- Já chamou uma mulher de mandona, insistente ou agressiva demais, ou pensou que ela era? Consegue se lembrar do que ela disse? Você já ouviu um homem dizer coisas parecidas e teve a mesma reação?

- Você está convencido(a) de que a igualdade de gênero ainda seja uma questão crucial? Você concorda que seja mais difícil para as mulheres vencerem no mercado de trabalho – e não acha que isso seja uma coisa boa? Está pronto(a) para se unir a essa luta a fim de deixar a desigualdade de gênero no passado?

> Os homens dominam e detêm a cultura e as decisões, portanto, apenas eles podem de fato mudá-las. Eles detêm os cargos e o poder. As mulheres não podem tirar isso deles, são eles que precisam decidir compartilhar.

Uma última palavra

Espero que agora você acredite, se já não acreditava antes, na importância de se estimular a igualdade de gênero e esteja pronto(a) para se juntar a mim nessa missão. Abordar esse problema ajudará a todos (e não apenas os 50% de nós que são mulheres) de maneiras inimagináveis. Vai melhorar o desempenho de nossos negócios, deixar nossos lares mais felizes e nossos países mais fortes. Quando percebermos quão poderosos podemos ser quando alavancamos formas diferentes de ver e fazer as coisas, faremos progressos em todas as áreas da diversidade. Deixaremos de querer uma cultura predominantemente masculina, branca ou heterossexual, porque finalmente compreenderemos que ela é limitada. Deixaremos de querer que um só tipo de pessoa vença no trabalho, porque saberemos que isso significa que não estamos colocando o melhor time em campo e não estaremos tão fortes como poderíamos ser.

Se está pronto para vir comigo – seja mulher, homem, empresa ou organização –, entre em contato. Você pode me encontrar em: **www.gillwhittycollins.com** [conteúdo em inglês]. Estou pronta para ajudar.

Obrigada por ler este livro. Para cada cópia vendida, farei uma doação à instituição Women's Aid.

Sou privilegiada por ter presenciado apenas "problemas de gênero de luxo", e, mesmo que até atingirmos a real igualdade de gênero tenhamos de continuar combatendo os problemas visíveis e invisíveis, temas deste livro, não podemos nos esquecer de que no mundo existem mulheres enfrentando uma luta muito mais palpável. Apoiá-las e protegê-las deve ser nossa prioridade mais alta.

A Women's Aid é uma federação de mais de 180 organizações que trabalham para acabar com a violência doméstica. Por ano, 1,4 milhões de mulheres vivenciam abuso, e a cada 15 dias três mulheres são mortas pelo parceiro ou ex-parceiro. A violência doméstica aumentou muito com a covid-19.

Você pode fazer uma doação em **www.womensaid.org.uk** [conteúdo em inglês].

> Quando percebermos quão poderosos podemos ser quando alavancamos formas diferentes de ver e fazer as coisas, faremos progressos em todas as áreas da diversidade.

Nota à edição brasileira

No Brasil, destacamos algumas iniciativas relevantes que tem como finalidade o apoio às mulheres.

O Instituto Maria da Penha (IMP) é uma organização não governamental sem fins lucrativos, que estimula, promove e contribui para a aplicação integral da Lei Maria da Penha, que garante os direitos de mulheres vítimas de violência no Brasil. Conheça mais em: **institutomariadapenha.org.br**.

Azmina é um coletivo de jornalismo feminista que utiliza a informação, a tecnologia e a educação para combater a violência, a desigualdade de gênero e o machismo. Você pode ler mais em: **azmina.com.br**.

O grupo Mulheres do Brasil, presidido pela empresária Luiza Helena Trajano (Magazine Luiza), é um grupo suprapartidário que tem como objetivo gerar impacto social. O foco é conquistar e garantir direitos iguais ao público feminino em campos como saúde, educação, segurança e trabalho. Leia mais em: **grupomulheresdobrasil.org.br**.

Notas

Prefácio

[1] Informação retirada do site unwomen.org, " Facts and figures: Ending violence against women".

[2] A palavra misoginia se refere ao desprezo, repulsa e/ou ódio contra mulheres. De origem grega, o termo está relacionado a uma visão sexista da mulher, que a coloca em uma lógica de subalternidade em relação aos homens. (N.E.)

Como este livro funciona

[3] Sororidade é um termo que diz respeito à união, colaboração, companheirismo e empatia entre mulheres. O conceito recusa a rivalidade feminina e a competição, e estimula a irmandade e o apoio mútuo. (N.E.)

1 - Sim, isso é um problema

[1] Sandi Toksvig, discurso na Women's Equality Party Conference (2018). Veja também TOKS-VIG, S. A Political Party for Women's Equality. TED, YouTube, 2016. Online.

[2] FORTUNE 500: Explore the 500. Fortune, 2020. Online.

[3] Há dados estatísticos atuais em: WOMEN CEOs of the S&P 500. Catalyst. Online.

[4] GALLUP® INC. Women in America: Work and Life Well-Lived. How to Create a Workplace Culture that Attracts, Engages and Retains a Gender-diverse Workforce. 2016. Online.

[5] COFFMAN, J.; NEUENFELDT, B. Everyday Moments of Truth: Frontline Managers Are Key to Women's Career Aspirations. Bain & Company, 2014. Online.

[6] FTSE Women Leaders: Improving Gender Balance in FTSE Leadership. Hampton-Alexander Review, Nov. 2019.

[7] "The Female FTSE Index" é publicado anualmente pela Cranfield School of Management (online).

[8] HUBER, C.; O'ROURKE, S. How to Accelerate Gender Diversity on Boards. McKinsey Quarterly, 2017.

[9] HUNT, V. et al. Delivering through Diversity. McKinsey & Company, 2018. Online.

[10] GRANT THORNTON. Women in Business: Turning Promise into Practice. Grant Thornton International Business Report 2016. 2016. Online.

[11] ARAM-DIXON, K. et al. Alpha Female Report 2017'. Citywire, 2017. Online.

[12] VARADAN, M. et al. Getting Rid of Gender Bias in Venture Capital. Economics & Finance Blog, 2019. Online.

[13] US BUREAU OF LABOR STATISTICS. Report 1084: Women in the Labor Force: A Databook. United States Government, 2019. Online.

[14] UNITED NATIONS. System-wide Strategy on Gender Parity. 2017. Online.

[15] Há dados estatísticos atuais em "Facts and Figures: Leadership and Political Participation, Women in Parliaments", da United Nations Women (online).

[16] WORLD ECONOMIC FORUM. Mind the 100 Year Gap: Global Gender Gap Report 2020. 2020. Online.

[17] UK PARLIAMENT. Women in Parliament and Government. House of Commons Library, 2020. Online.

[18] BATES, L. Everyday Sexism. London: Simon & Schuster UK, 2014. p. 14.

[19] BATES. Everyday Sexism, p. 66-67.

[20] WORLD ECONOMIC FORUM. Mind the 100 Year Gap: Global Gender Gap Report 2020. 2020. Online.

[21] WORLD BANK GROUP.Women, Business and the Law 2020. 2020. Online.

[22] BATES. Everyday Sexism, p. 73.

[23] BAWDON, F. et al. Seen but Not Heard: How Women Make Front Page News. Women in Journalism, 2012. Online.

[24] Originário da palavra "token" ("símbolo", em inglês), o termo "tokenismo" se refere a inclusões simbólicas de pessoas pertencentes a grupos sociais minoritários em empresas e outros ambientes com a finalidade de passar a imagem de representatividade. No entanto, a mera contratação desses grupos não vem necessariamente acompanhada de práticas efetivas de inclusão e oportunidades iguais para todos. (N.T.)

[25] BATES. Everyday Sexism, p. 182.

[26] UNITED NATIONS. Visualizing the Data: Women's Representation in Society. 2020; THE OSCARS: The 92-year Gender Gap Visualized. The Guardian, 2020.

[27] SMITH, S. Gender in Media: The Myths and Facts. Geena Davis Institute on Gender in Media, 2014. Online.

[26] GEENA DAVIS INSTITUTE ON GENDER IN MEDIA. The Geena Benchmark Report 2007-2017. 2017. Online.

[29] DAVIS, G. What 2.7M YouTube Ads Reveal About Gender Bias in Marketing. Geena Davis Institute on Gender in Media, 2019. Online.

[30] THE 30% MOVEMENT. What Women Want. 2016. Online.

[31] LAM, O. et al. Gender and Jobs in Online Image Searches. Pew Research Centre, 2018. Online.

[32] VAN DAM, A. Google an Image of a Manager or ceo, and You're Almost Certain to See a Man. The Washington Post, 2020. Online.

[33] Katrín Jakobsdóttir, discurso na Cúpula Anual de Mulheres Ativistas das Nações Unidas (2019).

[34] BATES. Everyday Sexism, p. 206-207.

[35] BATES. Everyday Sexism, p. 240.

[36] SILVERSTEIN, M. J.; SAYRE, K. Women Want More: How to Capture Your Share of the World's Largest, Fastest- Growing Market. New York: Collins Business, 2009. p. 220-228.

[37] SILVERSTEIN; SAYRE. Women Want More, p. 246.

[38] LISWOOD, L. A. The Loudest Duck: Moving Beyond Diversity while Embracing Differences to Achieve Success at Work. New Jersey: Wiley, 2009.

[39] Disparidade salarial de gênero no Reino Unido, Secretaria de Estatística Nacional. Disponível em: www.ons.gov.uk.

[40] BBC. BBC Statutory Gender Pay Report 2019. 2019. Online.

[41] Relatório de Disparidade Salarial de gênero e etnia da ITN, de 2018-2019. Disponível em: www.itn.co.uk.

[42] ZIPKIN, N. New Study Finds the Global Gender Pay Gap Won't Be Closed Until 2186. Entrepreneur Europe, 2016. Online.

[43] Dados estatísticos sobre disparidade salarial de gênero da Eurostat. Disponível em: www.ec.europa.eu.

[44] LES ECHOS EXECUTIVES. Féminisation: 7 Conseil pour Accélérer. 2019. Online.

[45] US BUREAU OF LABOR STATISTICS. Report 1083: Highlights of Women's Earnings in 2018. United States Government, 2019. Online.

[46] GALLUP® INC. Women in America: Work and Life Well- Lived.

[47] JAPAN'S Gender Wage Gap Persists Despite Progress. Nikkei Asian Review, 2017. Online.

[48] BATES. Everyday Sexism, p. 240.

[49] PURCELL, K. et al.Futuretrack Stage 4: Transitions into Employment, Further Study and Other Outcomes. HECsu, 2012.

[50] Há dados estatísticos atuais da Secretaria de Estatística Nacional em "Understanding the Gender Pay Gap in the UK", da ONS (online)

[51] BATES. Everyday Sexism, p. 182.

[52] Dados estatísticos sobre os bilionários do mundo são publicados anualmente em forbes.com.

[53] Reportado em 2014, em techcrunch.com.

[54] MILKMAN, K. L.; AKINOLA, M. CHUGH, D. What Happens Before? A Field Experiment Exploring How Pay and Representation Differentially Shape Bias on the Pathway Into Organizations. Journal of Applied Psychology, 2015. Online.

[55] CORRELL, S. J. et al. Getting a Job: Is There a Motherhood Penalty?. American Journal of Sociology, v. 112, n. 5, 2007. Online.

[56] CORRELL et al. Getting a Job: Is There a Motherhood Penalty?, p. 46.

2 - Você tem fobia de feministas?

[1] NGOZI ADICHIE, C. We Should All Be Feminists. TED, YouTube, 2012. Online.

[2] MORRISSEY, H. A Good Time to Be a Girl. New York: William Collins, 2018.

[3] MORRISSEY. A Good Time to Be a Girl.

[4] BATES. Everyday Sexism, p. 64.

[5] BATES. Everyday Sexism, p.109-110.

[6] BATES. Everyday Sexism, p. 218.

[7] DAVIS, M. Eibar: The Female President & Football Philosophy Behind Real Madrid Conquerors. BBC Sport, 2018. Online.

[8] BATES. Everyday Sexism, p. 15.

[9] CHIRA, S. Why Women Aren't CEOs, According to Women Who Almost Were. The New York Times, 2017. Online.

3 - Poucos homens ruins

[1] Derivada do grego, a palavra misandria se refere ao ódio, desprezo e/ou repulsa contra homens. (N.E.)

[2] BATES. Everyday Sexism, p. 34.

[3] RUMSFELD, D. Unknown Unknowns. YouTube, 1962. Online.

[4] ALLASSAN, F. 63% of Directors Say Investors Pay Too Much Attention to Corporate Board Gender Diversity. Axois, 2019. Online.

[5] PRICE WATERHOUSE COOPER. The Collegiality Conundrum: Finding Balance in the Boardroom. 2019. Online.

[6] Disponível em: www.michaelkimmel.com/biography.

[7] Disponível em: www.michaelkimmel.com/biography.

[8] OECD. Better Life Index: Sweden. 2019. Online.

[9] UNITED NATIONS WOMEN. Map: Women in Politics. 2019. Online.

[10] SILVERSTEIN; SAYRE. Women Want More, p. 204.

[11] HUNT, V. et al. Delivering through Diversity. McKinsey & Company, 2018. Online.

[12] WOETZEL, J. et al. How Advancing Women's Equality Can Add $12 Trillion to Global Growth. McKinsey Global Institute, 2015. Online.

[13] Sandi Toksvig, discurso na Women's Equality Party Conference (2018).

[14] SILVERSTEIN; SAYRE. Women Want More, p. 300.

[15] SMITH, F. Privilege Is Invisible to Those Who Have It. The Guardian, 2016. Online.

[16] SACHS, G. Insights. Online.

[17] WGEA. Bankwest Curtin Economics Centre.

[18] CARTER, N. M.; WAGNER, H. M. The Bottom Line: Corporate Performance and Women's Representation on Boards (2004-2008). Catalyst, 2011. Online.

[19] THRIVING TALENT. The Business Case for Diversity & Inclusion, 2019. Online.

[20] IRITANI, E. Fostering Good Will with Jobs. Los Angeles Times, 2005.

[21] HUNT, V. et al. Delivering through Diversity. McKinsey & Company, 2018. Online.

[22] BADAL, S. The Business Benefits of Gender Diversity. Gallup® Inc., 2014. Online.

[23] ABBATIELLO, A. et al. Inclusive Leadership: Unlocking the Value of Diversity and Inclusion. Russell Reynolds Associates, 2018. Disponível em: https://www.russellreynolds.com/insights/thought-leadership.

[24] ABBATIELLO. Inclusive Leadership: Unlocking the Value of Diversity and Inclusion.

[25] WOOLLEY, A.; MALONE, T. Defend Your Research: What Makes a Team Smarter? More Women. Harvard Business Review, v. 89, n. 6, p. 32-33, 2011. Online.

[26] WOOLLEY; MALONE. Defend Your Research: What Makes a Team Smarter? More Women.

[27] QUILES, E. Féminisation: 7 conseils pour accélérer. Les Echos Executive, 2019.

[28] PAGE, S. The Difference: How the Power of Diversity Creates Better Groups, Firms, Schools and Societies. New Jersey: Princeton University Press, 2008. p. 370.

[29] PAGE. The Difference, p. 370.

4 - Você tem fobia de feministas?

1 COLLEGE FACTUAL. Admissions Statistics. 2018. Online.

2 BORZELLECA, D. The Male-Female Ratio in College. Forbes, 2012. Online.

3 RATCLIFFE, R. The Gender Gap at Universities: Where Are All the Men?. The Guardian, 2013. Online.

4 STATISTA. Number of Bachelor's Degrees Earned in the United States. 2020. Online.

5 Programa criado pelo College Board, nos Estados Unidos, na década de 1950, para ajudar a reduzir o abismo entre o ensino médio e a universidade. O AP oferece exames de nível universitário a alunos do ensino médio. (N.T.)

6 Há dados estatísticos atuais em "SAT Program Participation and Performance Statistics", do CollegeBoard (online).

7 CHIRA. Why Women Aren't CEOs, According to Women Who Almost Were.

8 FRIEDBERG, B. Why Smart Investors Should Check Out These Women-Led Companies. The Balance, 2019. Online.

9 OZANIAN, M. Girls Rule. Forbes, 2010. Online.

10 DESVAUX, G. et al. Women Matter. McKinsey & Company, 2007. Online.

11 KONRAD, A. VC Firm First Round: Our Female Founders Outshine the Men. Forbes, 2015. Online.

12 ZENGER, J.; FOLKMAN, J. Research: Women Score Higher Than Men in Most Leadership Skills. Harvard Business Review, 2019. Online.

13 ZENGER; FOLKMAN. Research: Women Score Higher Than Men in Most Leadership Skills.

14 GALLUP® INC. Women in America: Work and Life Well- Lived.

15 GALLUP® INC. Women in America: Work and Life Well- Lived.

16 CHATTOPADHYAY, R.; DUFLO, E. Women as Policy Makers: Evidence from a Randomized Policy Experiment in India. Econometrica, v. 72, n. 5, 2004. Online.

17 SILVERSTEIN; SAYRE. Women Want More, p. 241.

18 CHAMORRO-PREMUZIC, T. Why Do So Many Incompetent Men Become Leaders. TEDX Talks: University of Nevada, YouTube. Online.

19 LEWIS, H. The Pandemic Has Revealed the Weakness of Strongmen. The Atlantic, 6 May 2020. Online.

20 BANAJI, M. Blindspot: Hidden Biases of Good People. London: Penguin UK, 2014.

21 LISWOOD. The Loudest Duck.

22 LISWOOD. The Loudest Duck.

5 - O poder invisível da cultura(e outras influências)

1 O programa MARC é uma série de workshops administrados pela Catalyst, organização sem fins lucrativos mundial.

2 BATES. Everyday Sexism, p. 162.

3 BATES. Everyday Sexism, p. 203-204.

4 SMITH. Privilege Is Invisible to Those Who Have it.

5   LISWOOD. The Loudest Duck.

6   DUBLIN, D., 2017, citado por LORMAN, S. Women at the Top of the Corporate Ladder Agree: It's Lonely Up There. Disponível em: www.thriveglobal.com.

7   LISWOOD. The Loudest Duck.

8   Dr. Kimmell, discurso na International Gender Champions Geneva (2016).

9   LISWOOD. The Loudest Duck.

10 LISWOOD. The Loudest Duck.

11 SARTRE, J.-P. Authenticity. In: Stanford Encyclopaedia of Philosophy, 1943. Online.

12 THORPE-MOSCON, J.; POLLACK, A. Feeling Different: Being the "Other" in US Workplaces. Catalyst, 2014.

13 PALMIERI, J. An Open Letter to the Women Who Will Run the World. RSA Events, YouTube, 2018. Online.

14 SCALZI, J. Straight White Male: The Lowest Difficulty Setting There Is. Whatever.Scalzi.com, 2012. Online.

15 BURKHART, J. We're Half Blind Until We Work With the Unconscious. Medium.com, 2018. Online.

16 TARVIS, C.; ARONSON, E. Mistakes Were Made (But Not By Me!). London: Pinter Martin, 2015.

17 BOHNET, I. What Works: Gender Equality by Design. Cambridge, MA: Harvard Univeristy Press, 2016. p. 40.

18 RICE, C. How Blind Auditions Help Orchestras to Eliminate Gender Bias. The Guardian, 2013. Online.

19 BATES. Everyday Sexism, p. 230.

20 RIFFKIN, R. Americans Still Prefer a Male Boss to a Female Boss. Gallup® Inc., 2014. Online.

21 VARADAN, M. et al. Getting Rid of Gender Bias in Venture Capital. Economics & Finance Blog, 2019. Online.

22 BATES. Everyday Sexism, p. 225.

23 JUNG, C. Collected Works of CG Jung. New Hersey: Princeton University Press, 1970.

24 Melhores frases de Marilyn Monroe na Vogue (online).

6 - A parte científica

1   BARON-COHEN, S. Do Women Have Better Empathy than Men?. Edge Video, 2007. Online.

2   BRIZENDINE, L. The Female Brain. New York: Bantam, 2008.

3   BRIZENDINE. The Female Brain.

4   KAY, K.; SHIPMAN, C. The Confidence Gap. The Atlantic, 2014. Online.

5   COATES, J. M.; HERBERT, J. Endogenous Steroids and Financial Risk Taking on a London Trading Floor. In: Proceedings of the National Academy of Sciences, 2008. Online.

6   BRIZENDINE. The Female Brain.

7   ESTIMA, S. Decoding the Female Brain. KwikBrain Podcast 093, 2019. Online.

8   BRIZENDINE. The Female Brain.

[9] BUNDEL, A. A Famous Margaret Atwood Quote Made It Into "The Handmaid's Tale". Elite Daily, 2018. Online.

[10] VAUGHN, S. Anatomy of a Scandal. London: Simon & Schuster UK, 2018.

[11] ALDERMAN, N. The Power. London: Viking, 2016.

7 - A equação confiança *versus* competência

[1] GRAVITY. In: Merriam-Webster.com Dictionary. Disponível em: www.merriam- webster.com/dictionary/gravity.

[2] ADAMS, S. Your Voice Could Be Costing You Hundreds of Thousands of Dollars, Study Shows. Forbes, 2013. Online.

[3] GARDNER, B. From Shrill Housewife to Downing Street: The Changing Voice of Margaret Thatcher. The Telegraph, 2014.

[4] LISWOOD. The Loudest Duck.

[5] BATES. Everyday Sexism, p. 69.

[6] KAY; SHIPMAN. The Confidence Gap.

[7] COHEN, C. Imposter Syndrome: Why Do So Many Women Feel Like Frauds?. The Telegraph, 2015.

[8] CHIRA. Why Women Aren't CEOS, According to Women Who Almost Were.

[9] SANDBERG, S. Lean In: Women, Work and the Will to Lead. London: WH Allen, 2013.

[10] BOCK, L. Work Rules!: Insights from Inside Google That Will Transform How You Live and Lead. London: John Murray, 2016.

[11] FOX, R.; LAWLESS, J. If Only They'd Ask: Gender, Recruitment, and Political Ambition. The Journal of Politics, v. 72, n. 2, 2010.

[12] DAVIDSON, M. Why XX Must Think Like XY to Earn More K. BBC News Magazine, 2009. Online.

[13] BABCOCK, L.; LASCHEVER, S. Why Women Don't Ask. London: Piatkus Books, 2008.

[14] EIIRLINGER, J.; DUNNING, D. How Chronic Self-Views Influence (and Potentially Mislead) Estimates of Performance. Journal of Personality and Social Psychology, v. 84, n. 1, 2003. Online.

[15] BABCOCK; LASCHEVER. Why Women Don't Ask.

[16] KAY; SHIPMAN. The Confidence Gap.

[17] BELL, L. A. The Gifted Woman as Impostor. Advanced Development, v. 2, 1990. Online.

[18] STORR, F. The Discomfort Zone: How to Get What You Want by Living Fearlessly. London: Piatkus Books, 2018.

[19] KAY; SHIPMAN. The Confidence Gap.

[20] KAY; SHIPMAN. The Confidence Gap.

[21] MORRISSEY. A Good Time to Be a Girl.

[22] INZLICHT, M.; BEN-ZEEV, T. A Threatening Intellectual Environment: Why Females are Susceptible to Experiencing Problem-solving Deficits in the Presence of Males. Psychological Science, v. 11, n. 5, 2000. Online.

[23] STANBERRY, K. Single-sex Education: The Pros and Cons. GreatSchools.org, 2012. Online.

24 SAX, L. et al. Women Graduates of Single-Sex and Coeducational High Schools: Differences in their Characteristics and the Transition to College. The Sudikoff Family Institute for Education & New Media; UCLA Graduate School of Education & Information Studies, 2009. Online.

25 DIX, K. Single-sex Schooling and Achievement Outcomes. ACER Research Developments, 2017.

26 EISENKOPF, G. et al. Academic Performance and Single-sex Schooling: Evidence from a Natural Experiment in Switzerland. Gender Action Portal, 2015. Online.

27 Sigla de General Certificate of Secondary Education (Certificados Gerais do Ensino Médio). Na Inglaterra, alunos do ensino médio precisam de uma quantidade desses certificados em disciplinas diferentes e com notas mínimas para serem admitidos em níveis subsequentes e mais altos de qualificação. (N.T.)

28 BRAMLEY et al. Gender differences in GCSE. Cambridge Assessment Report, 2015.

29 PARK, H. et al. Do Single-Sex Schools Enhance Students' Stem (Science, Technology, Engineering and Mathematics) Outcomes?. PIER Working Paper, n. 12-038, 2012. Online.

30 DIACONU, D. Modelling Science Achievement Differences Between Single-sex and Coeducational Schools. eScholarship at Boston College, 2012. Online.

31 Veja as várias publicações da professora Alison Booth na Australian National University (online).

32 As tabelas da liga escolar do Reino Unido são publicadas anualmente no The Telegraph (online).

33 GLASS, A. Ernst & Young Studies The Connection Between Female Executives And Sports. Forbes, 2013. Online.

34 KAY; SHIPMAN. The Confidence Gap.

35 BAILEY, R. et al. Girls' Participation in Physical Activities and Sports, Patterns, Influences and Ways Forward. WHO, 2002. Online.

36 SWISS WOMEN SPORTS SURVEY. Ville de Genève Service des Sports Survey. University Bordeaux Montaigne, 2017.

37 STORR, F. Why Imposter Syndrome is Every Woman's Secret Weapon. Elle.com, 2019. Online.

38 FRANKEL, L. P. Nice Girls Don't Get The Corner Office: Unconscious Mistakes Women Make That Sabotage Their Careers. Dublin: Business Plus, 2014. p. 185.

39 SHEMMER, M. Confidence Is a Choice. Linkedin, 26 March 2019. Online.

40 COLLINS, J. Good to Great. New York: Random House Business, 2001.

41 CHAMORRO-PREMUZIC. Why Do So Many Incompetent Men Become Leaders.

42 CHAMORRO-PREMUZIC. Why Do So Many Incompetent Men Become Leaders.

43 GREIG, F. Propensity to Negotiate and Career Advancement: Evidence from an Investment Bank that Women Are on a "Slow Elevator". Negotiation Journal, v. 24, n. 4, 2008. Online.

44 BOHNET. What Works, p. 189.

8 - Fazendo boas reuniões

1 NEUFELD, A. Costs of an Outdated Pedagogy? Study on Gender at Harvard Law School. Journal of Gender, Social Policy and the Law, v. 13, n. 3, 2005. Online.

[2] GUPTA, A. H. It's Not Just You: In Online Meetings, Many Women Can't Get a Word In. New York Times, 14 April 2020. Online.

[3] LISWOOD. The Loudest Duck.

[4] McKINSEY; COMPANY AND LEAN.INORG. Women in America 2019. 2019. Disponível em: https://www.mckinsey.com.

[5] SVODOBA, E. Ben Barres: A Transgender Scientist Shares His Story. Spectrum, 2018. Online.

[6] MAYRATH, N. What Companies Can Do to Close the Gender Gap. Yahoo Finance, 2019. Online.

9 - A teoria do guarda-chuva

[1] HARRIS, C. A. Strategize to Win: The New Way to Start Out, Step Up, or Start Over in Your Career. New York: Avery Publishing Group, 2014.

[2] CHIRA. Why Women Aren't CEOS, According to Women Who Almost Were.

[3] CHIRA. Why Women Aren't CEOS, According to Women Who Almost Were.

[4] LISWOOD. The Loudest Duck.

[5] GALLUP® INC. Women in America: Work and Life Well- Lived.

[6] LISWOOD. The Loudest Duck.

[7] LISWOOD. The Loudest Duck.

[8] GIANG, V. Most People Are Focused on the Wrong Measure of Success. FastCompany, 2019. Online.

[9] CHIRA. Why Women Aren't CEOS, According to Women Who Almost Were.

[10] HARRIS, C. A. Strategize to Win. New York: Avery Publishing Group, 2014.

[11] BUREAU OF LABOR STATISTICS. American Time Use Survey: 2018 Results. US Bureau of Labor, 2019. Online.

[12] SILVERSTEIN; SAYRE. Women Want More, p. 21.

[13] Há dados estatísticos mundiais em Statista.com.

[14] Disponível em: https://leanin.org/article/women-shoulder-most-of-the-extra- work-because-of-covid-19.

[15] NEARLY Half of Men Say They Do Most of the Home-Schooling. New York Times, May 6 2020.

[16] MILLER, J.; ADKINS, A. Reality and Perception: Why Men Are Paid More. Gallup® Inc., 2016. Online.

[17] GALLUP® INC. Women in America: Work and Life Well- Lived.

[18] Disponível em: www.ariannahuffington.com.

[19] STRESS May Be Harder on Women's Hearts than Men's. Duke Medicine News, Duke University, 2014. Online.

[20] EVERYDAY Gender Bias. OneWorldNews, 2019. Online.

[21] GALLUP® INC. Women in America: Work and Life Well- Lived.

[22] ESTIMA, S. Instagram, 21 jun. 2019.

[23] GALLUP® INC. Women in America: Work and Life Well- Lived.

24 WILSON, H. The Millennial Dad at Work. Daddilife, 2019. Online.

25 US BUREAU OF LABOR STATISTICS. Economic Situation Summary. April 2020. Online.

26 GALLUP® INC.; INTERNATIONAL LABOR ORGANIZATION. Towards a Better Future for Women and Work: Voices of Women and Men. 2017. Online.

27 HEWLETT, S.; LUCE, C. B. Off-Ramps and On-Ramps: Keeping Talented Women on the Road to Success. Harvard Business Review, v. 83, n. 3, 2005. Online.

28 GALLUP® INC.; INTERNATIONAL LABOR ORGANIZATION. Towards a Better Future for Women and Work.

29 Dados estatísticos atuais são mantidos pela Secretaria de Estatística Nacional em "Understanding the Gender Pay Gap in the Uk", da ONS (online).

30 Disponível em: www.womendontask.com.

31 HEWLETT, S. A.; LUCE, C. B. Off-Ramps and On-Ramps. Harvard Business Review, HBR's Women at Work Collection, 2019.

32 LARTEY, J. Women Ask for Pay Increases as Often as Men but Receive Them Less, Study Says. The Guardian, Sept. 5 2016.

10 - Mulheres que vencem no mercado de trabalho

1 FORTUNE 500: Explore the 500. Fortune, 2020.

2 MORRISSEY. A Good Time to Be a Girl.

3 Favor observar que as citações das mulheres do grupo das Super 7% foram compartilhadas diretamente com a autora durante a entrevista. (N.E.)

4 GALLUP® INC. Women in America: Work and Life Well- Lived.

5 RATH, T.; CONCHIE, B. Strengths-based Leadership. Gallup® Press, 2016. p. 10.

6 RATH; CONCHIE. Strengths-based Leadership, p. 10.

7 RATH; CONCHIE. Strengths-based Leadership.

8 RATH; CONCHIE. Strengths-based Leadership, p. 84.

9 SILVERSTEIN; SAYRE. Women Want More.

10 COLLINS. Good to Great, p. 20.

11 CLIFTON, D. O.; HARTER, J. K. Investing in Strengths. In: CAMERON, A. et al. (ed.). Positive Organizational Scholarship: Foundations of a New Discipline. Oakland, CA: Berrett-Koehler Publishers, 2003. p. 111-121.

12 RATH; CONCHIE. Strengths-based Leadership, p. 55.

13 GALLUP® INC. Women in America: Work and Life Well- Lived.

14 GALLUP® INC. Women in America: Work and Life Well- Lived.

15 De uma entrevista com Edwina Dunne, organizada pela AllBright, em uma live no Instagram, em 22 de abril de 2020.

11 - Irmãs (não) estão cuidando umas das outras

1 Referência ao título da canção de Aretha Franklin "Sisters Are Doing It for Themselves". (N.T.)

2 GROYSBERG, B.; BELL, D. Dysfunction in the Boardroom: Understanding the Persistent Gender Gap at the Highest Levels. Harvard Business Review, v. 91, n. 6, 2013. Online.

[3] M. Albright, discurso de abertura no almoço "Celebrating Inspiration", com o All-Decade Team da WNBA (2006).

12 - A parte cruel

[1] GRAY SCOTT, H. Dare Mighty Things: Mapping the Challenges of Leadership for Christian Women. Grand Rapids, Michigan: Zondervan, 2014.

[2] BAGSHAWE, L. Tall Poppies. London: Headline Review, 2007.

[3] Programa televisivo britânico em que pessoas famosas dançam com bailarinos profissionais e competem em várias modalidades de dança. (N.T.)

[4] Pesquisa da YouGov, 2016.

[5] BOHNET. What Works, p. 22.

[6] COPE, R. 25 Celebrity Women on Gender Inequality in Hollywood. HarpersBazaar, 2018. Online.

[7] BOHNET. What Works, p. 63.

[8] YEE, L. et al. Women in the Workplace 2016. LeanIn.Org; McKinsey & Company, 2016. Online.

[9] JOYNER, J. Palin Too Sexy for White House. Outside the Beltway, March 5 2009. Online.

[10] BATES. Everyday Sexism, p. 55.

[11] POWER Dressing: How Women Politicians Use Fashion. Forbes.com, 2016. Online.

[12] BRESCOLL, V. L. Who Takes the Floor and Why. Administrative Science Quarterly, v. 56, n. 4, 2011.

[13] LISWOOD. The Loudest Duck.

[14] BATES. Everyday Sexism, p. 60.

[15] CHIRA. Why Women Aren't CEOS, According to Women Who Almost Were.

[16] BRESCOLL. Who Takes the Floor and Why.

[17] LISWOOD. The Loudest Duck.

[18] COOPER, S. How to Be Successful Without Hurting Men's Feelings. London: Square Peg, 2018. p. 5.

[19] MANNING, S. Bloody Difficult Women. Red, p. 43.

[20] NGOZI ADICHIE, C. Dear Ijeawele, or a Feminist Manifesto in Fifteen Suggestions. Notting Hill: Fourth Estate, 2017. p. 36-39.

13 - Afinal, por que os homens se dão melhor que as mulheres no mercado de trabalho?

[1] Disponível em: McKinsey.com.

[2] MORRISSEY. A Good Time to Be a Girl.

[3] FRANKEL. Nice Girls Don't Get The Corner Office.

[4] BBC. Andrew Marr Show. BBC, 2019. Online.

[5] BATES. Everyday Sexism, p. 5.

14 - E agora, o que diabos faremos a respeito?

[1] Tucídides (460-400 a.C.), historiador da Grécia Antiga que escreveu sobre a guerra do Peloponeso (431-404 a.C.), na qual ele próprio atuou como combatente. (N.T.)

2   BOHNET. What Works, p. 50.

3   LORDE, A. The Master's Tools Will Never Dismantle the Master's House. London: Penguin, 1979.

4   Presidente Espinosa, discurso na Cúpula Anual de Mulheres Ativistas na sede das Nações Unidas (2019).

5   SHARMA, S. C. Women's Political Participation in India. Policy Perspectives, 2016. Online.

6   Há dados estatísticos atuais na IPU Parline, "Global Data on National Parliaments" (online).

7   BOHNET. What Works, p. 60.

8   VEDANTAM, S. Most Diversity Training Ineffective, Study Finds. American Renaissance, 2008. Online.

9   DOBBIN, F.; KALEV, A. Engaging, Instead of Blaming, Managers. The New York Times, 2014. Online.

10 MORRISSEY. A Good Time to Be a Girl.

11 STILLMAN, J. Michelle Obama Just Said, "Lean In" Doesn't Work. Inc.com, 2018. Online.

12 FRANKEL. Nice Girls Don't Get The Corner Office.

13 BATES. Everyday Sexism, p. 59.

14 LISWOOD. The Loudest Duck.

Listas de coisas a fazer

1   SILVERSTEIN; SAYRE. Women Want More, p. 209.

2   BATES. Everyday Sexism, p. 58.

3   Disponível em: www.jane.org.

4   BOHNET. What Works, p. 4.

5   ABBATIELLO. Inclusive Leadership: Unlocking the Value of Diversity and Inclusion.

6   BANKS, I. The Business. London: Abacus, 2013.

7   KNOWLEDGE@WHARTON. The Vicious Cycle of the Gender Pay Gap. University of Pennsylvania, 2012. Online.

8   KHOMAMI, N.; TREANOR, J. BBC Women Let Pay Gap Happen. The Guardian, 2017. Online.

9   TANAKA, S.; WALDFOGEL, J. Effects of Parental Leave and Work Hours on Fathers' Involvement with their Babies: Evidence from the Millennium Cohort Study. Community, Work and Family, v. 10, n. 4, p. 409-426, 2007.

10 US DEPARTMENT OF LABOR. Why Parental Leave for Fathers is So Important for Working Families. 2016.

11 PATNAIK, E. The Effect of Own and Spousal Parental Leave on Earnings. Institute for Labour Market Policy Evaluation Working Paper 2010:4, 2010.

12 US DEPARTMENT OF LABOR. Why Parental Leave for Fathers Is so Important for Working Families; Archive.org (online).

13 FTSE Women Leaders.

14 GALLUP® INC. Women in America: Work and Life Well- Lived.

15 GALLUP® INC. Women in America: Work and Life Well- Lived.

[16] GALLUP® INC. Women in America: Work and Life Well- Lived.

[17] MORRISSEY. A Good Time to Be a Girl.

[18] LISWOOD. The Loudest Duck.

[19] BOHNET. What Works, p. 208.

[20] KURTULUS, F. A.; TOMASKOVIC-DEVEY, D. Do Woman Top Managers Help Women Advance?. Economics Department Working Paper Series, n. 122, 2011.

[21] McGINN, K.; MILKMAN, K. Looking Up and Looking Out: Career Mobility Effects of Demographic Similarity among Professionals. Organization Science, v. 24, n. 4, 2013.

[22] ROOSEVELT, E. Sitka Sentinel, 1940.

[23] Lord Browne, discurso no 30% Club & Outstanding Event (2015).

[24] No mundo do marketing, o share of voice ("compartilhamento de voz", em tradução literal) é a ferramenta que corresponde à força e ao alcance que uma marca ou empresa possui – a empresa ou marca que "fala" mais alto chama mais atenção para si. (N.T.)

[25] ZALIS, S. Power of the Pack: Women Who Support Women Are More Successful. Forbes, 2019. Online.

[26] LES ECHOS EXECUTIVES. Féminisation: 7 Conseil pour Accélérer.

[27] BATES. Everyday Sexism, p. 379-380.

[28] MIS, M. British Rapper Calls Out Men to Stand Up for Women's Rights. Thomson Reuters Foundation, 2014. Online.

[29] KIMMEL, M.; WADE, L. Ask a Feminist: Michael Kimmel and Lisa Wade Discuss Toxic Masculinity. Signs, 2018. Online.

[30] Há dados estatísticos globais em Statista.com.

Agradecimentos

gradeço imensamente a Jo Bougourd (nascido Scaife) e François Facomprez, por serem meus "consumidores ideais" e os primeiros leitores no "teste de tortura". Eu sabia que, se conseguisse convencer vocês, conseguiria convencer qualquer um, e seu estímulo e feedback me deram confiança quando mais precisei dela.

A meu filho, Joe Collins, por seu "olho de águia para editar" e, acima de tudo, por todas as perguntas feitas e todas as discussões, que levaram a tantos insights e miniepifanias sobre homens e mulheres.

Agradeço também a Diana Brush, pelos seus olhos de águia, e a Clare Grist Taylor, pelos conselhos editoriais inestimáveis e generosos.

E a Emma Miller, Jane Leah, Nicki Lundy, Michela Ratti, Srebi Hanak, Olesya Nazarova e Sofía Lahmann, pelas apresentações e pela genialidade em RP e no marketing.

Muitíssimo obrigada a todos os que contribuíram e, sobretudo, às Super 7%, que disponibilizaram tempo para serem entrevistadas por mim, de forma anônima ou não – espero que este livro possa fazer sua parte em ajudar mais pessoas como vocês a terem sucesso e serem bem-sucedidas.

Por fim, agradeço a Nigel Davies, pelo maravilhoso projeto de capa, e a Maia Gentle, Carrie Hutchison, Jennie Renton, Gavin MacDougall e toda a equipe da Luath Press, com quem foi um prazer publicar este livro.

Este livro foi composto com tipografia Adobe Garamond e impresso em papel Off-White 90 g/m² na gráfica Formato Artes Gráficas.